MÉMOIRES

D'UN

PRÊTRE

2

PARIS

PÉTION, LIBRAIRE-ÉDITEUR

DE EUGÈNE SUE, ALEXANDRE DUMAS, CHARLES DE BERNARD, ETC.

11, rue du Jardinet.

—

1847

MÉMOIRES D'UN PRÊTRE.

En Vente

Le Gentilhomme campagnard

Par Charles de Bernard.

LA REINE MARGOT

(Nouvelle édition), Par A. Dumas.

DERRIÈRE LE GRAND MAT

VIE MARITIME DU JOUR,

Par Éd. Pujol, lieutenant de vaisseau, auteur d'*Entre deux Lames*.

LES EXILÉS,

Par madame Louise Colet.

ÉGLANTINE

Par madame Junot d'Abrantès.

LA RUE QUINCAMPOIX

Par Adrien Paul.

COMME ON AIME UNE FEMME

Par le même.

Sous Presse :

LE VICOMTE DE BRAGELONNE

ou

DIX ANS PLUS TARD,

Complément des TROIS MOUSQUETAIRES et de VINGT-ANS APRÈS.

Par Alexandre Dumas.

LE VEAU D'OR

Par Charles de Bernard (entièrement inédit.)

SCEAUX. — IMPR. DE E. DÉPÉE.

MÉMOIRES

D'UN

PRÊTRE

2

PARIS
PÉTION, LIBRAIRE-ÉDITEUR
DE EUGÈNE SUE, ALEXANDRE DUMAS, CHARLES DE BERNARD, ETC.,
11, rue du Jardinet.

1847

I

La comtesse, à mon retour au château, me traita avec plus d'abandon que par le passé et j'entrai plus avant dans sa confiance. Les correspondances politiques allaient grand train et menaçaient de jour en jour davantage la France de la coalition des rois soulevés contre « le grand oppresseur. »

Trois mois s'écoulèrent : je savais qu'Albin était retourné au séminaire, mais je n'avais aucune nouvelle de Marguerite et toutes mes tentatives, tous mes efforts pour en obtenir n'eurent d'autre résultat que de m'apprendre d'une manière précise dans quelle maison on l'avait exilée. Je me promis d'utiliser ce renseignement, j'écrivis en effet à Marguerite et je chargeai le jardinier du château, que j'avais gagné, de lui porter une lettre en allant à Rennes. Il s'acquitta de la commission et voici la réponse que je reçus :

« Monsieur,

« J'ai appris que vous étiez dans les ordres « et pour toujours séparé du monde. Votre « devoir et votre repos exigent que vous ou« bliiez celle dont le souvenir devrait être déjà « effacé de votre mémoire, puisque vous avez « pris l'engagement de renoncer au monde et « à ses illusions. Je saurai imiter l'exemple, « louable sans doute, que vous m'avez donné

« et me rendre digne ainsi de votre estime.

« Vous devez comprendre que cette lettre « n'a pas besoin de réponse.

« Votre servante.

« MARGUERITE MATELIN. »

Je n'essaierai pas d'exprimer les sentiments qui m'agitèrent à la lecture de cette lettre. Les mots me manquent pour rendre mon trouble et ma douleur. L'expérience m'avait déjà cruellement appris ce que je devais attendre des hommes, mais je n'avais point encore soupçonné que Marguerite pût, elle aussi, déchirer impitoyablement mon cœur.

Je ne pus résister à ce nouveau coup : je tombai malade et bientôt je fus en proie au plus effrayant délire. Par bonheur, mes extravagances n'eurent pour témoin qu'une vieille servante presque sourde et incapable de comprendre ce que je disais, car avec toute autre qu'elle, avec Babet surtout, mon secret aurait été infailliblement dévoilé.

Après un premier accès, la violence de la fièvre diminua; j'étais épuisé et je dormis douze heures de suite. Lorsque je me réveillai, il me sembla que je venais de subir une transformation complète : la faiblesse avait amorti la surexcitation des sens, le repos avait calmé les agitations de mon cœur; je me sentais disposé à prendre courageusement mon parti.

Hélas! cela dura peu : le sentiment de la douleur morale se réveilla avec les angoisses physiques. J'étais surtout préoccupé de la pensée que Marguerite attendait de moi, en témoignage d'amour, plus de courage que je n'en avais montré, et qu'elle ne me croyait plus digne de son estime.

En réalité, elle se trompait en me croyant irrévocablement engagé; j'étais libre encore et je pouvais reculer sans rougir. Mais, à cette idée, renaissait aussitôt la crainte d'encourir la réprobation de mes bienfaiteurs, la peur de l'abandon et d'une hideuse pauvreté. Toutes mes résolutions étaient ébranlées.

— Que deviendrai-je me disais-je ; je n'ai aucune espèce d'instruction ; je ne me sens pas le courage d'embrasser l'état pénible de mes pères...

La carrière militaire s'ouvrait seule devant moi ; mais j'avais appris par les correspondances de la comtesse combien elle allait offrir de dangers sans compensations. D'ailleurs, je dois l'avouer, à force de vivre au milieu de gens qui haïssaient Napoléon, j'en étais arrivé à le haïr moi aussi.

Je ne sortis de mon irrésolution que pour écrire à Marguerite que je l'aimais toujours et lui jurer qu'on l'avait indignement trompée en lui disant que les Ordres Mineurs que j'avais reçus me séparaient à jamais d'elle. Je pouvais, sans être parjure, briser mes liens et rentrer dans la société, si elle l'exigeait.

Cette lettre fut remise à son adresse, et j'attendis avec anxiété une réponse de Marguerite. Une semaine entière s'écoula et Marguerite n'écrivit pas. Le désespoir allait de nouveau me gagner, lorsque je fus distrait malgré moi et obligé de partager mes pensées.

Le bruit s'était répandu que tous les jeunes gens qui se destinaient à l'état ecclésiastique allaient être appelés sous les drapeaux, à moins qu'ils n'apportassent la preuve qu'ils étaient engagés définitivement.

Le gouvernement prenait cette mesure parce qu'il s'était aperçu que la crainte de la conscription remplissait les séminaires de jeunes gens qui n'avaient ni goût ni vocation pour la prêtrise, mais qui se réfugiaient dans cet asile pour avoir du répit et se donner le temps d'attendre l'issue de la crise qui se préparait.

On me rappela brusquement à Rennes. J'obéis avec plaisir, non pas que je me sentisse heureux de rentrer au séminaire; mais je me rapprochais de Marguerite et j'espérais trouver le moyen de lui parler.

La comtesse me chargeait de lettres nombreuses, et je comptais dérober quelques heures au temps employé à les remettre à leur adresse pour voir Marguerite.

Plein de cet agréable espoir, ne songeant guère à la conscription, je me rendis à la ville et pour moins attirer l'attention je m'arrêtai à une petite auberge des faubourgs.

Dès le soir de mon arrivée, je m'acquittai de toutes les commissions de la comtesse, afin d'avoir à moi la journée du lendemain tout entière. De grand matin je m'adressai à un fripier et je louai des habits bourgeois à ma taille. Sous cette espèce de déguisement, je me présentai à la pension de Marguerite, chez les sœurs de l'ordre de... Au premier mot que je prononçai, on me répondit qu'il serait possible que je ne pusse pas lui parler parce qu'elle était indisposée depuis quelque temps et que le médecin lui avait défendu de s'exposer à l'air.

— C'est précisément à cause de sa maladie que je désire la voir, répondis-je en dissimulant mon émotion ; son père m'a instamment prié de lui rapporter des nouvelles exactes de l'état dans lequel je l'aurai trouvée.

La religieuse me demanda alors mon nom, en ajoutant qu'elle allait exposer ma requête à la supérieure.

— C'est inutile, répliquai-je d'un ton mécontent, je n'ai plus que quelques instants à passer ici, et j'aurai le chagrin de ne pouvoir rassurer, à mon retour, un père justement alarmé de la maladie de son enfant... Mais, ma sœur, ne pourriez-vous pas prendre sur vous de conduire ici une minute votre pensionnaire pour qu'il me soit permis d'apporter quelques consolations à la ferme?

La religieuse m'écoutait avec attention. L'accent de ma voix était si suppliant qu'elle en parut touchée, et après quelque hésitation :

— Attendez un instant, me dit-elle, je vais voir ce que je pourrai faire; puis elle s'éloigna.

Aussi tremblant que l'accusé qui attend la rentrée des juges dont l'arrêt va décider de son sort, je me promenais dans le parloir sans perdre de vue la grille qui me séparait de l'intérieur de la maison.

Mon oreille attentive distingua bientôt un bruit éloigné de pas; mon cœur battait à rompre la poitrine... Les pas se rapprochèrent : je m'enveloppai dans mon manteau de voyageur; peu après, la porte s'ouvrit et la religieuse entra : Marguerite marchait derrière elle.

Mon Dieu! qu'elle était changée, qu'elle avait l'air triste et souffrant! Je respirais avec difficulté et je n'osais parler. Marguerite s'approcha de la grille, et à peine eut-elle jeté les yeux sur moi qu'elle rougit et s'appuyant sur le bras de la religieuse :

— Daniel, c'est vous, s'écria-t-elle....

Et au même instant elle tomba évanouie.

Je m'élançai pour la secourir ; mais la grille m'arrêta, et j'essayai vainement de la forcer.

— Silence, me disait à demi-voix la religieuse, silence, malheureux jeune homme. J'ai été trop crédule, je le vois, mais n'achevez pas de nous perdre tous les trois.

— Pour l'amour de Dieu, souffrez au moins que je la touche, répondis-je, je vous en supplie à genoux.

Elle me fit signe de me taire, et ses soins affectueux rappelèrent Marguerite à la vie.

Encore pâle comme le lys des champs, la douce fille m'adressa son premier regard.

Je pleurais en la regardant.

Elle vint à la grille et passa sa main à travers les barreaux; je la saisis entre les miennes et je la serrai sans rien dire.

La religieuse semblait tout émue.

— Si vous avez quelque chose à vous confier hâtez-vous, nous dit-elle : la supérieure ignore que Marguerite est au parloir.

Ensuite, avec une délicatesse toute féminine, elle s'éloigna un peu de nous.

Ce fut moi qui parlai le premier.

— Vous ne m'avez pas répondu, Margaïc....

— Le pouvais-je, Daniel, avec la fièvre et entourée nuit et jour de surveillants?

— Que m'auriez-vous répondu?

— Hélas! le sais-je bien encore?...

— Oh! il faut absolument me le dire... Que vouliez-vous m'écrire?

— Que je vous ai bien plaint, Daniel, et que j'en ai été malade.

— Vous ne m'avez donc pas oublié?

Un mélancolique sourire, plus éloquent et plus tendre que toutes les protestations du monde, fut sa seule réponse.

—Qu'allez-vous devenir maintenant, Daniel? continua-t-elle.

— Hélas! je vous réponds à mon tour que je n'en sais rien, et que j'attends que vous me commandiez ce que je dois faire.

Elle porta la main à son front avec une expression de douleur.

Il m'est impossible de penser et de réfléchir, me dit-elle.

Au même instant une cloche sonna, et la religieuse entraîna Marguerite hors du parloir en me laissant à peine le temps de lui dire adieu.

Cetre courte entrevue n'avait fait qu'irriter le désir que j'éprouvais d'avoir une explication complète avec Marguerite, et, sans calculer les obstacles, je me déterminai à la revoir et à lui remettre une lettre le jour même. Je pris à peine le temps de quitter mon déguisement, d'écrire quelques lignes sans suite, puis je retournai au couvent.

Il était environ quatre heures du soir ; cette fois je portais mes vêtements ordinaires.

Ce fut la même religieuse qui vint me recevoir. Elle me reconnut immédiatement et me dit, en affectant un accent de sévérité que démentaient ses regards :

—J'ai lieu de m'étonner, Monsieur, que vous osiez reparaître ici le soir même du jour où vous avez abusé de ma confiance et exposé gravement deux personnes qui méritaient plus d'égards.

— Ma sœur, lui répondis-je aussitôt, il faudra bien que vous vous accoutumiez à mon audace, car je suis déterminé à revenir ici jusqu'à ce que j'aie eu un entretien décisif avec Marguerite.

Elle me regarda avec surprise. Les femmes

subissent aisément une volonté ferme, et la guimpe et la robe noire ne les mettent pas à l'abri de cette influence.

— Vous serez la cause de quelque malheur, reprit-elle d'un ton beaucoup plus doux, j'aurai à me repentir de vous avoir écouté.

— Ma sœur, lui dis-je avec émotion, rendez-vous à ma prière, et vous ne me verrez plus !

— Quelle est donc cette prière ? me demanda-t-elle tout bas.

— De remettre cette lettre à Marguerite, ou de consentir à ce que je la revoie encore.

Elle tendit le bras, prit ma lettre ; et, après l'avoir tournée et retournée vingt fois, elle me promit enfin de faire ma commission.

— Vous êtes si bonne et si généreuse, repris-je, que j'oserai vous demander de mettre le comble au service que vous me rendez en vous chargeant de la réponse de Marguerite.

— Oh ! pour le coup, répliqua-t-elle en s'écartant de moi, je ne me laisserai pas prendre à vos belles paroles et je ne pousserai pas plus loin l'oubli de mon devoir.

— Eh bien ! repris-je, en affectant un grand sang-froid, rendez-moi ma lettre. Je veux parler à Marguerite, je lui parlerai.

— Voilà ce qu'il en coûte de s'écarter d'un seul pas de la route droite, me répondit la religieuse en murmurant : vous raisonnez comme un jeune homme qui sent l'empire qu'une première imprudence lui a laissé prendre, et moi il faut que je cède, parce que j'ai déjà violé pour vous le règlement de la communauté. Demain, à huit heures, vous aurez votre réponse, si on juge à propos de vous en faire une...

— Ma sœur, dites-lui bien que c'est nécessaire et que mon avenir en dépend, criai-je à la religieuse en la voyant s'éloigner.

Plus calme, je retournai à mon auberge, et

je mangeai pour la première fois de la journée.

La nuit, à ma grande surprise, je pus dormir. Mon sort va se décider, pensai-je; et, sans me rendre compte de ce qui allait advenir de moi, je me reposai avec confiance dans Marguerite du soin de tracer la route qu'il me faudrait suivre.

Dès qu'il fit jour, je fus debout. L'heure fixée n'arrivait pas.

A huit heures moins un quart, j'étais à la porte du couvent, et j'attendais avec une mortelle impatience que le marteau de l'horloge frappât les huit coups. Au premier, je sonnai, et la religieuse, aussi ponctuelle que moi, ouvrit, me remit une lettre et me poussa brusquement la porte au nez.

J'avais entre les mains de quoi me faire oublier l'univers entier, aussi, ne pris-je pas garde à cette singulière façon de congédier les gens.

Une fois en possession de la lettre de Marguerite, je courus hors de la ville chercher un endroit écarté où je pusse la lire à l'abri des regards. Enfin, je m'arrêtai dans un petit chemin creux, derrière le mur d'un jardin, et j'ouvris le papier qui contenait ma destinée.

Voici ce que Marguerite m'écrivait :

« Je ne sais que vous dire, Daniel ; non, je
« ne sais, en vérité, que vous dire, tant je suis
« tremblante et troublée. Vous ne sauriez vous
« imaginer tout ce que la religieuse m'a donné
« de conseils depuis que je vous ai vu ; com-
« bien elle m'a montré de dangers à vous re-
« voir et à songer encore à vous. Elle a raison,
« et tout ce qu'elle m'a dit doit être vrai ; et
« cependant, je vous l'avoue en rougissant,
« j'ai beau m'imposer la tâche d'oublier que
« je vous ai connu, je n'y puis réussir. Je me
« rappelle sans cesse avec quelle bonté vous
« avez compâti à mon malheur. Il y a en moi

« quelque chose qui me crie que je serais in-
« grate si, pour éviter des dangers que je ne
« vois pas très clairement, je sacrifiais un sou-
« venir qui m'est cher.

« Mais un passage de votre lettre me déses-
« père. Comment! vous n'avez plus à choisir
« qu'entre l'état ecclésiastique et la carrière
« militaire? Mais, avez-vous un peu de voca-
« tion pour l'état ecclésiastique? Je vous fais
« cette question, parce que j'aimerais cent fois
« mieux vous savoir prêtre que pauvre soldat
« dévoué à la mort. Rappelez-vous que vous
« m'avez fait le serment de ne jamais être mi-
« litaire.

« Hélas! tout ce que je vous ai écrit jusqu'à
« présent ne répond point à votre lettre et ne
« vous satisfera point. Que voulez-vous que je
« vous dise? Pourquoi m'avez-vous remis le
« soin de décider de votre sort?..

« La sœur qui a été témoin de notre entre-

« vue prétend que le plus sûr serait de rentrer « au séminaire et d'attendre quelque bienfait « du temps. C'est aussi mon avis ; cependant, « je ne vous le conseille point. Que le ciel « vous inspire ! je sens que vous n'avez plus à « attendre de secours que de lui.

« Adieu ; je ne sais comment je pourrai « apprendre ce que vous devenez : la sœur « refuse absolument de me rendre aucun ser- « vice de ce genre, et la supérieure, avertie « par mon frère, n'a pas assez d'yeux pour « me surveiller.

« *P. S.* La sœur vient de m'apprendre que « la supérieure me faisait demander. Aurait- « elle appris vos visites ?... Mon Dieu, ayez « pitié de moi ! Adieu, Daniel. »

Tout mon corps tremblait ; le frisson de la fièvre parcourait mes veines ; un serrement douloureux contractait mon cœur, et je restais immobile les yeux attachés sur la fatale lettre, lorsque le bruit d'une voiture me tira de mon anéantissement.

Je regardai machinalement, et à l'une des portières se montra le visage de M. Leognan. Il m'aperçut et me lança un coup-d'œil furieux. Déjà la voiture était loin de moi que je la suivais encore du regard.

Un funeste pressentiment acheva de m'abattre, et je retournai à pas lents à mon auberge.

La première personne que je vis en entrant fut la mère Matelin, qui causait, assise à l'autre extrémité de la salle, avec un paysan. Je feignis de ne pas la reconnaître ; je passai dans la pièce voisine et de là dans ma chambre.

Je me gardai bien de sortir, et deux heures à peu près s'étaient écoulées quand l'hôtesse ouvrit ma porte et m'annonça M. Leognan. Un coup de poignard m'aurait moins effrayé que cette visite. Je n'eus que le temps de me lever :

il était déjà dans ma chambre. Sans me parler il ferma la porte, et, s'approchant de moi d'un air sinistre, il me demanda pourquoi je n'étais pas encore rentré au séminaire. Je balbutiai une réponse qu'il n'eut pas l'air d'écouter.

Cependant ses yeux erraient autour de lui : j'avais posé la lettre de Marguerite sur une table, il s'en empara en me disant :

— Voilà sans doute le papier qui avait l'air de vous occuper lorsque je vous ai rencontré aux portes de la ville ?

L'indignation m'inspira l'idée de la résistance ; je saisis avec vigueur la main de Leognan, et je me disposai à lui arracher le précieux écrit.

Mes regards et mon action parlaient trop clairement pour qu'il ne les comprît pas. D'un mouvement violent il se dégagea, et, ouvrant la porte avec précipitation, il la referma sur moi, tandis que, tout étourdi de sa fuite, je restais à ma place sans force et sans voix.

J'étais perdu, je le sentis et je pris sur-le-champ mon parti. Je réunis tous mes vêtements, j'en fis un paquet, et, après avoir payé mon hôtesse, je sortis, résolu à n'avoir plus rien à démêler avec les prêtres.

J'entrai chez mon fripier, je lui vendis à bas prix tous mes habits ecclésiastiques, et, me métamorphosant en bourgeois, je m'informai de la demeure du général commandant les troupes de la garnison.

II

Je me rendais à l'adresse indiquée, avec plus de calme que le lecteur ne saurait le supposer, lorsque deux hommes qui m'étaient inconnus et que j'avais vus avant d'entrer chez le fripier m'accostèrent. Le plus âgé me demanda si je n'habitais pas le château de la comtesse de..... Sur ma réponse affirmative, il me proposa d'entrer dans un café, parce que, dit-il, il avait à me communiquer quelque chose d'important.

Convaincu qu'il s'agissait des intrigues politiques auxquelles ma patronne était mêlée, je ne fis aucune difficulté de les suivre. On m'introduisit dans un salon particulier ; l'un des inconnus demanda à déjeûner, et par contenance je me mis à table.

— Savez-vous, me dit celui qui m'avait adressé le premier la parole, que la comtesse vous fait chercher par la ville et qu'elle prétend que vous étiez porteur de plusieurs billets à ordre qui ne sont point parvenus à leur destination, quoiqu'on ait reçu la lettre qui les annonçait.

— Je l'ignorais, répondis-je naïvement ; mais ce qu'il y a de certain c'est que j'ai remis exactement tout ce qui m'a été confié, et s'il y avait des billets dans les lettres on a dû les y trouver, car je ne les ai certes pas décachetées.

— Je le crois volontiers, reprit-il, mais avec

tout cela vous aurez affaire à la justice. Si je vous en parle, du reste, c'est par intérêt pour un jeune homme sans parents et qui n'avait point encore donné lieu de mal parler de lui....

Je le regardais avec colère et j'allais lui répondre avec une vivacité bien légitime ; mais, sans m'en laisser le temps, il ajouta :

— La comtesse est puissante, et toute votre innocence ne vous empêchera pas de succomber si elle vous accuse.

— La comtesse, répliquai-je indigné, me connaît et sait mieux que personne que je suis incapable de commettre la mauvaise action dont vous me parlez. Mais dans tous les cas elle ne doit pas non plus ignorer qu'elle a intérêt à me ménager.

— Voilà bien le langage d'un jeune homme, dit alors le plus âgé des deux hommes à son compagnon ; mais s'il tombait entre les mains des tribunaux il verrait bientôt ce que vaut sa confiance... Mon ami, continua-t-il en se tournant vers moi, si vous voulez m'en croire vous éviterez de menacer plus fort que vous, et vous méditerez à tête reposée la fable du pot de terre et du pot de fer...

Je me levai.

— Messieurs, dis-je aux inconnus, si ce sont là les choses importantes que vous aviez à me communiquer, vous me permettrez de vous en témoigner peu de reconnaissance. J'ai affaire à la Division et je dois vous quitter.

— Ah ! oui, vous allez offrir vos services au général, reprit le même interlocuteur et louer votre corps cinq sous par jour... Jeune homme, croyez-en ceux qui portent la barbe grise : le séminaire vous offre un asile où vous attendrez à votre aise la fin de la bourrasque et où la comtesse, en supposant qu'elle ait à se plaindre de vous, n'ira pas vous chercher. La capote du soldat, au contraire, ne vous mettrait pas à l'abri de ses poursuites. Il est des gens dont le bras s'étend partout.

— Il en est aussi, repris-je à mon tour, dont la langue peut révéler d'importants secrets que la police de Napoléon accueillerait avec reconnaissance. Si vous m'êtes envoyés par la comtesse, dites-lui qu'elle n'a jamais eu moins à se plaindre de moi qu'aujourd'hui, et que, si elle veut m'écraser, je me rappellerai que l'insecte redresse quelquefois la tête sous le pied qui le broie. Au surplus, tout cela m'ennuie ; j'ai eu la patience de le supporter jusqu'à présent, mais je vous déclare que je commence à me lasser. Allez donc chercher la police et ses agents, je les attends, si je ne les ai déjà rencontrés en vous.

— Bien parlé, s'écria le plus jeune des étrangers ; il a l'étoffe d'un général ; en courant s'engager, il suivait sa vocation, et il y aurait péché mortel à l'arrêter. Je veux boire à votre avancement futur, me dit-il, et vous ne refuserez pas de me faire raison.

Il sonna, un garçon accourut, et, après avoir causé un instant à l'écart avec lui, il le congédia en disant tout haut :

— Oui ! oui ! apportez du champagne : il n'y a rien de trop bon pour un futur général.

Je ne savais si je devais me fâcher ou rire de ses railleries. Je pris le dernier parti, et, tandis que la conversation continuait à peu près sur le même ton, le garçon rentra avec une bouteille et trois verres.

J'avais appris au château et dans mes tournées à apprécier le bon vin ; celui qu'on me servit me parut délicieux, et j'en avalai quelques verres sans m'apercevoir que mes deux compagnons m'encourageaient à boire, mais ne m'imitaient pas.

Une seconde bouteille fut débouchée en

l'honneur du général, que l'empereur devait faire souverain de quelque royaume conquis ; une troisième à la prospérité de son règne. La quatrième ne vint pas : sa majesté, assoupie par les fumées du vin, laissait tomber sa tête sur son sein et annonçait les plus heureuses dispositions au sommeil.

Mes deux charitables convives me proposèrent de partager leur logement, et prirent sans doute un hochement de tête pour une marque d'assentiment, car ils me prirent chacun par un bras et nous sortîmes du café.

La nuit approchait, et les objets m'apparaissaient si peu distinctement que je ne reconnus pas les rues par lesquelles on me conduisait. Enfin, nous fîmes halte devant une porte cochère ; mes compagnons ébranlèrent la sonnette et m'introduisirent dans une cour assez spacieuse ; ensuite, me hissant par un escalier fort étroit, ils m'installèrent dans une petite chambre où je crus remarquer un lit très simple.

Mon coucher fut peu cérémonieux : ils m'étendirent sur la couchette tout habillé, rejetèrent sur moi la couverture, et se retirèrent en me souhaitant une bonne nuit. Je n'attendais que leur départ pour m'endormir; deux minutes après, je rêvais au royaume à la prospérité duquel je venais de boire.

Le matin, je m'éveillai assez tard, et tout étonné de me trouver dans un appartement inconnu, je le parcourus de l'œil en détail. Ce fut bientôt fait : il n'y avait pour tous meubles qu'une petite table, deux chaises, un pot à eau avec sa modeste cuvette et un grand Christ.

— Où suis-je? me demandai-je en me frottant les yeux.

Je m'habille à la hâte, je cours à la fenêtre, et j'aperçois une longue file d'abbés qui se promenaient dans un jardin et prenaient leur innocente récréation.

— Au séminaire ! m'écriai-je au comble de la surprise.

— Oui, au séminaire, pour votre bonheur, répondit quelqu'un.

Je me retournai, et je frémis à la vue de M. Leognan.

— Je connais votre conduite et vos projets, me dit-il, et je veux vous sauver malgré vous. Malheureux ! dans quelle route vous alliez vous engager, et quel abîme s'ouvrait pour vous engloutir ? Vous n'avez plus à choisir entre la fuite et la retraite : vous êtes ici, et vous y resterez... Ce n'est pas, se hâta-t-il d'ajouter, que je prétende vous y retenir de force et contre votre volonté, mais vous ne nous quitterez pas de huit jours, et vous aurez le temps de réfléchir aux engagements qui vous lient déjà à nous. Vous en pèserez la puissance et vous sentirez la nécessité de les respecter. Il me semble utile de vous avertir que vous essaieriez en vain de vous soustraire à notre vigilance avant que l'époque fixée soit expirée. Celui qui vous a deviné, qui vous a suivi et qui vous a amené ici sans violence, saura bien vous y garder bon gré malgré. Pensez-y bien et ne méconnaissez pas votre intérêt véritable.

Il me quitta sans que j'eusse proféré une seule parole, et j'entendis le bruit des verroux qu'il tirait sur moi.

J'eus d'abord la faiblesse de m'abandonner aux larmes, et je les laissai couler abondamment. Peu à peu cependant mes idées devinrent plus nettes, et mon cœur se dégagea de l'oppression qui l'étouffait. Je songeai aux moyens de sortir de ma prison.

Un court examen m'en fit bientôt reconnaître l'impossibilité ; de rage, je me jetai sur mon lit, décidé à me laisser mourir de faim.

Vers le soir, un domestique, le chef orné

d'une calotte, m'apporta silencieusement du pain, quelques légumes et de l'eau qui sentait le cidre aigri. A peine daignai-je regarder le valet et la chétive pitance. Mais, peu d'heures après, mon estomac de vingt ans sollicita si vivement de la nourriture, que j'oubliai ma stoïque résolution et que je dévorai mon pauvre dîner.

Le jour suivant, mes sens étaient plus rassis, et je me trouvais mieux en état de réfléchir. J'envisageai ma situation sous toutes ses faces, et je n'en trouvai aucune qui me parût agréable ou rassurante.

Je ne pouvais plus me dissimuler le projet bien arrêté de M. Leognan de me pousser dans l'état sacerdotal ; il savait d'ailleurs à combien de secrets m'avait initié la vieille comtesse, et il connaissait mon amour pour Marguerite. Cette dernière pensée aggravait mon mal, et je ne pouvais me figurer sans une vive affliction tout ce que la pauvre fille devait souffrir à cause de moi.

Fatigué de remuer dans mon esprit ces pénibles pensées, je m'endormis de lassitude. Lorsque je me réveillai, je trouvai sur ma table un papier plié en quatre. En haut de la page, on avait écrit ces mots en gros caractère :

AVIS A UN JEUNE HOMME QUI VEUT SE PERDRE.

Puis au-dessous :

« Vous êtes sans fortune, sans parents et sans amis ; par conséquent, sans aucunes ressources si vous renoncez à la carrière qui vous en a fourni jusqu'à présent. — *Pensez-y bièn !*

« Vous avez conçu un amour qui ne peut avoir aucun résultat avantageux pour vous, parce que les parents de la jeune fille ne la donneront jamais à un jeune homme sans moyens d'existence et qui ne pourrait s'assujétir aux travaux de la campagne. — *Pensez-y bien!*

« Une dame d'un haut rang et qui a des amis puissants vous a admis dans une confidence qui ne pouvait être confiée qu'à un homme n'appartenant à rien, et vous ne l'avez reçue que parce que vous portiez l'habit ecclésiastique. — *Pensez-y bien!*

« Quoique l'état militaire soit la ressource du désespoir et de la misère, il ne vous est pas permis ni même possible de l'embrasser, et cela pour des raisons que l'on ne doit pas vous expliquer. — *Pensez-y bien!*

« Il ne vous reste plus qu'un seul moyen de salut, et la bienveillance qui vous a mis sur la voie pour l'atteindre ne vous abandonnera point si la raison l'emporte sur un fol amour et une vaine obstination. — *Pensez-y bien!*

« Vous avez encore trois jours de réflexion.

On vous engage à les mettre à profit et le passé rentrera dans l'oubli. »

— Quoi ! m'écriai-je en jetant le papier avec fureur, on veut me traiter en esclave, et je n'ai pas d'autre chemin à suivre que celui qu'une volonté despotique daigne me tracer ? Oh ! non, je suis libre et j'userai de ma liberté dès aujourd'hui.

En parlant ainsi je me précipitai vers la porte, j'essayai de l'ouvrir, mais elle était solidement fermée, et je ne parvins même pas à l'ébranler. Je déchaînai toute ma rage contre cet obstacle, et je ne l'abandonnai que lorsque les meurtrissures que je me faisais en frappant à poings fermés furent assez douloureuses pour me contraindre à m'arrêter.

Après un instant de réflexion, j'examinai plus attentivement la porte, et je conçus l'espérance d'enlever la serrure. Je détachai le crucifix placé sur la cheminée, j'arrachai le clou qui le retenait au mur, et je me servis de cet instrument imparfait en guise de tournevis et de clé.

Hélas ! c'était là un métier dans lequel j'étais si malhabile que j'y renonçai après plus d'une heure de travail, quand mes mains ensanglantées ne me permirent plus de continuer.

La fenêtre ne m'offrait aucun moyen d'évasion : elle était à plus de quarante pieds du sol, et mes draps et ma couverture ne m'auraient pas conduit à moitié de la distance à franchir.

D'ailleurs, en supposant que je parvinsse à descendre dans le jardin, les murs élevés et les maisons qui l'entouraient ne me permettraient pas d'achever l'œuvre de mon évasion.

Plus malheureux qu'auparavant, je me promenais à grands pas dans ma petite chambre, me répandant en imprécations contre mes tyrans et maudissant mon sort. Le nom de Mar guerite venait souvent se mêler à mes regrets et à mes plaintes et je ne me souciais plus de dissimuler mes sentiments.

La journée allait finir et l'homme à la calotte ne venait point m'apporter ma pitance. J'étais surtout dévoré par la soif, et je m'estimai heureux de l'étancher avec l'eau qui croupissait depuis plusieurs jours dans ma cruche. L'estomac, dont les besoins sont si impérieux à l'âge que j'avais, m'empêcha un instant de songer à mes chagrins pour m'occuper à demander à grands cris que l'on me donnât à manger.

Peine inutile! ma voix se perdit dans les corridors solitaires, et je n'entendis d'autre bruit que celui de mes pas. Je passai la nuit la plus cruelle.

Le lendemain, le besoin de manger devint si pressant que je demandai du pain en pleurant comme un enfant. Ma porte s'ouvrit enfin, et le même domestique que j'avais déjà vu déposa à terre un petit morceau de pain et se retira. Je me jetai dessus avec voracité et je le dévorai en un clin d'œil : il m'en eût fallu vingt fois davantage pour assouvir ma faim !

Je ne fatiguerai pas le lecteur du récit de mes tortures pendant les deux journées qui suivirent ; il lui suffira de savoir que je recevais à peine deux onces de pain par jour, et un peu d'eau qui ne suffisait pas pour calmer la soif qui me tourmentait sans relâche.

Ainsi qu'il est facile de le comprendre, je ne pus résister à ce régime ; la faiblesse eut raison de moi, et je devins la proie d'une fièvre brûlante accompagnée de délire.

Ce fut alors que l'infâme Leognan reparut auprès de mon lit. Un crucifix à la main, il m'exhorta à la mort et me fit une peinture épouvantable des supplices de l'enfer. Mais je trompai son attente, et l'amour, exalté par le délire, s'exprima d'une manière si énergique, qu'il eut recours à sa dernière et plus énergique ressource, sans que rien m'eût préparé au coup inattendu qui allait me frapper.

Il me lut une lettre que la supérieure de la pension où était Marguerite m'écrivait.

Dans cette lettre, la religieuse m'annonçait « que ma jeune et malheureuse amie, n'ayant « pas eu la force de supporter les angoisses « qu'elle avait éprouvées à la suite de notre « dernière entrevue, était retombée malade, « et que, sentant sa dernière heure approcher, « elle lui avait fait, — à elle supérieure, — l'a- « veu de son amour, et l'avait conjurée de « m'écrire pour m'exhorter à embrasser un « état dans lequel je pourrais prier efficace- « ment Dieu tous les jours pour le repos « d'une âme qui s'effrayait de son sort fu- « tur. »

Je lus et je relus cette lettre funèbre et je faillis expirer de douleur.

Leognan, loin d'être touché de mon misérable état, m'apprit le soir même que Marguerite venait d'expirer et qu'elle avait recueilli ses forces à ses derniers moments pour prier le ciel de m'éclairer sur mes véritables intérêts en m'appelant au nombre de ses ministres.

Cette nouvelle fut suivie d'un si long évanouissement qu'on désespéra de ma vie.

Leognan ne se montra plus et je fus secouru par M. S..., prêtre doué d'un cœur aussi compatissant que celui de Leognan était dur et féroce. Ses bons soins me rappelèrent à l'existence. Me rappelant alors la cause de mes maux, je pris la détermination d'obéir aux dernières volontés de Marguerite.

Je le déclarai à M. S..., et il me fortifia dans ma résolution avec une bonté et une affection que je n'avais pas été accoutumé à rencontrer sous sa robe.

Une ordination eut lieu. Je fus fait sous-diacre et je m'engageai pour jamais par des promesses qui élevaient entre moi et le monde une barrière que la tombe seule peut briser!

III

Arrivé à ce moment où ma vie cessa, pour ainsi dire, de m'appartenir, c'est un besoin pour moi de jeter un coup-d'œil en arrière et de faire une sorte de retour sur mes vingt premières années. Il me siérait mal de me justifier et d'entreprendre ma défense. J'ai commis des fautes; elles furent nombreuses, et le lecteur qui a bien voulu me suivre jusqu'à présent m'est témoin que je n'ai essayé ni de les dissimuler ni de les atténuer. Je me suis peint tel que j'étais, avec mes défauts naturels et aussi avec ceux que l'éducation m'a donnés. Je trouverai des juges sévères ; je leur demande d'être justes et de songer avant de me condamner aux circonstances au milieu desquelles j'ai vécu, à mon origine, aux occupations de mon enfance, à l'éducation de ma jeunesse.

Doué d'une imagination vive et mobile, facile à recevoir les impressions extérieures, j'ai dû subir plus qu'un autre les influences diverses qui s'exercèrent sur moi tour à tour.

Tout enfant, pauvre, orphelin, j'ai été placé dans un presbytère et l'état ecclésiastique m'est apparu, non pas sous son aspect moral, que j'étais incapable de comprendre, mais avec ses apparences purement matérielles, Plus tard, que me montrait-on en perspective? Le prêtre honoré dans sa vie oisive et gagnant le ciel au milieu des jouissances d'une existence commode et assurée. Ainsi, les instincts naturels qui poussent l'homme à se procurer le bien être, et les tendances plus élevées de l'esprit vers un but de perfectibilité morale trouvaient à la fois satisfaction dans la seule carrière qui s'ouvrît devant moi. Les préjugés acquis, les dispositions natives concouraient également à me perdre. Constamment le jouet d'évènements que je ne pouvais ni ne savais diriger, si j'essayai parfois, sous l'excitation de certains sentiments passionnés, de me dégager des trames ourdies autour de moi, mes répugnances étaient trop vagues, trop mal définies pour que mes efforts aboutissent jamais à un résultat décisif. Je ne savais du monde que ce que j'en avais appris à la campagne, au séminaire, au fond d'un château habité par une femme dévouée aux idées dont on avait nourri mon esprit. Hors du sentier frayé par les prédications de mes supérieurs, par les exemples de mes camarades, par les conseils de mes protecteurs, je n'entrevoyais que doute, confusion, dangers et ruine. Je cédai non que je fusse convaincu, mais parce que j'étais faible. O vous qui m'accusez peut-être, dites-moi donc où vous auriez puisé à ma place la force qui m'a manqué?...

Mais à quoi bon prolonger cette espèce de lutte contre ces adversaires inconnus, au jugement desquels je me suis soumis d'avance en écrivant ces Mémoires? Mes ennemis sont ailleurs; ceux-là je les connais, et il ne m'est pas permis de me plaindre de leurs attaques, puisque raconter ma vie c'est dicter leur condamnation. Je reprends donc mon récit au point où je l'ai quitté.

Désormais lié par un serment que le vœu de Marguerite mourante m'avait arraché, je traînais une vie sans espoir et sans but. Au milieu de ce découragement absolu, je trouvai une sorte de distraction à étudier la théologie. Je me livrai avec ardeur à l'étude de cette science vaine et j'y fis d'assez rapides progrès.

Plusieurs mois s'écoulèrent sans que je misse le pied hors de l'enceinte du séminaire. Le supérieur, je dois le dire, semblait respecter ma douleur : il n'exigeait pas de moi que je me conformasse au réglement de la maison, et je disposais de mon temps avec plus de liberté que les autres abbés. Peu à peu mon affliction diminua et je recherchai la société de ceux de mes collègues qui me montraient de la bienveillance. La vie m'apparut moins amère ; je m'y rattachai chaque jour davantage, sans pourtant que le souvenir de Marguerite s'effaçât de mon esprit.

Je fus fait diacre, et l'on me disposa à recevoir la prêtrise. C'était une faveur dont on eut soin de relever le prix, mais qui me laissait indifférent. Je me soumettais parce que mon amie, au lit de mort, m'avait prescrit mon devoir.

Néanmoins, je ne vis pas sans plaisir la cérémonie reculée de quelques mois. Quoique irrévocablement engagé, le dernier pas à franchir ne laissait pas que de m'épouvanter.

Pendant assez longtemps je vécus d'une sorte d'existence machinale et en quelque façon par habitude de vivre. Le cours du temps m'échappait; ainsi je ne savais jamais à quel jour de la semaine nous nous trouvions, et bien que la leçon de théologie se fît toujours régulièrement, je manquais souvent la classe, oublieux que j'étais de l'heure à laquelle elle commençait. A la chapelle, je me retirais dans le coin le plus obscur, et là je m'enfonçais dans mes pensées sans avoir conscience de ce qui se passait autour de moi.

J'ai oublié de dire que j'avais retrouvé l'abbé avec lequel je m'étais mis en confidence pendant ma première année de petit séminaire; il était encore diacre à cette époque et nous renouvelâmes nos relations d'amitié. Comme moi il avait éprouvé de cruelles angoisses, mais son caractère s'était énervé et sa sensibilité avait subi une profonde altération. Cependant cette rencontre me fut utile, et quoiqu'il ne connut pas mon secret tout entier, il en savait assez pour me plaindre et me consoler.

Il me raconta, un jour que le plus sombre désespoir me dévorait, que depuis son entrée au séminaire il avait pris sur lui de vaincre sa passion. La surveillance vigilante qui l'entourait lui était venue en aide en lui ôtant les occasions de faillir, et c'était sans doute à cette vigilance qu'il devait, ajouta-t-il, le repos dont il jouissait enfin. Il ne savait pas en me faisant espérer le même résultat que les maladies morales comme les maladies du corps, toutes semblables qu'elles paraissent, ne se guérissent pas pour cela avec les mêmes remèdes !

Si Marguerite eût été encore de ce monde et

qu'elle se fût montrée indifférente, peut-être l'orgueil m'aurait-il aidé à me vaincre; mais elle n'existait plus, elle avait expiré en pensant à moi ; c'était notre fatal amour qui l'avait, si jeune, poussé dans la tombe. Comment en face de ce souvenir vivre heureux et l'oublier?

Quelques poètes tombèrent par hasard entre mes mains. Je les lus avec avidité. Mon imagination avait besoin d'aliment, et bientôt je tentai quelques essais dans les sentiers charmants de la poésie. Le croira-t-on? ce genre d'occupations parut trop mondain aux hommes qui me surveillaient à mon insu. Les ouvrages qui avaient donné naissance à ce goût, ces livres qui venaient adoucir l'amertume de mes pensées en ouvrant devant moi les espaces infinis de la rêverie, disparurent sans que j'aie jamais su qui les avait enlevés. Seulement le dimanche suivant mon attention s'éveilla en entendant un sermon de M. D..... contre les sciences mondaines, et en particulier contre les poètes.

Dans la première partie de l'homélie, Jean-Jacques était traité comme un impie et un athée, ne sachant pas même écrire purement le français et déraisonnant à chaque page. Je fus étonné, je l'avoue, qu'avec tant de défauts et de mauvaises qualités cet écrivain trouvât des lecteurs ; mais ce qui me surprit davantage, c'est qu'on prît la peine de nous signaler comme dangereux cet auteur si peu en état de séduire. Je laisse à penser comment le prédicateur peignit Voltaire. Les traits du portrait étaient si ridicules et si bouffons que l'auditoire éclata de rire plusieurs fois.

Cette gaîté pouvait sembler malséante dans une église, mais nos supérieurs ne la désapprouvèrent pas.

Pendant plus de quinze jours, il ne fut bruit au séminaire que de la science, du mérite et de l'esprit du prédicateur. Voltaire et Rousseau, au jugement de nos judicieux abbés, ne lui allaient pas à la cheville. Il me souvient encore des gros bons mots dont on criblait pendant nos récréations les écrivains philosophes. Plus d'un que j'ai vu ensuite courir de ville en ville, déclamant contre l'immoralité du siècle, préludait à sa tâche en accablant d'injures des génies dont il n'avait jamais ouvert les œuvres.

Quoi qu'il en soit, les criailleries de mes compagnons d'études me donnèrent une si violente envie de lire Jean-Jacques et Voltaire, que je mis tout en œuvre pour me les procurer. La chose n'était pas facile. Je tâtai mon ami le diacre ; mais je le trouvai si plein d'indignation contre ces auteurs, que je compris qu'il fallait tourner mes vues d'un autre côté.

Un jeune homme d'un esprit vif et d'une figure spirituelle était pensionnaire laïc dans notre maison et suivait le cours de philosophie.

Une espèce d'instinct me dirigea vers lui ; je le sondai ; et, au premier mot que je lui dis de Rousseau, il me pria, en haussant les épaules, de ne plus lui en parler. J'insistai, et, après lui avoir avoué le désir que j'avais de lire cet auteur si attaqué parmi nous, je lui demandai s'il n'était pas impossible de l'introduire au séminaire.

— Vous badinez, me répondit-il en souriant, j'ai entendu dire à quelqu'un qu'on avait fait passer ici une marchandise de contrebande bien autrement volumineuse qu'un philosophe ; mais, ajouta-t-il, comment, vous qui vivez si enfoncé dans la méditation, êtes-vous pris de la fantaisie de lire « l'infâme ! » Vous m'étonnez singulièrement, et, pour la rareté du fait, je serais presque tenté de satisfaire votre envie.

Je le pressai tellement de me rendre ce service, qu'il me conduisit enfin dans sa chambre. Il ouvrit alors une malle à double fond, et il en sortit un livre, le premier volume de la *Nouvelle Héloïse,* qu'il me donna. Avant de me congédier, il monta sur une chaise, prit une grande vierge en faïence qui décorait sa cheminée, et, ôtant un bouchon placé à la base de la statuette, il m'offrit un verre de bonne eau-de-vie.

Bien des gens trouveront ma conduite fort répréhensible ; certains la jugeront au moins légère ; d'autres, enfin, plus indulgents, sans l'approuver, ne la censureront point. Quelle que soit l'impression des lecteurs, il est exact de dire que je trinquai avec mon nouvel ami, que j'avalai la liqueur prohibée avec sensualité et que je me retirai impatient de faire connaissance avec un monstre comme Rousseau.

Après la *Nouvelle Héloïse* vint l'*Émile,* puis arrivèrent les *Confessions :* tout Jean-Jacques. Je ne lisais pas, je dévorais. La tête me tourna d'abord, et peu s'en fallut que je ne fisse tout haut ma profession de foi. Peu à peu mes idées se classèrent ; mes premières impressions, en perdant de leur vivacité, acquirent plus de solidité et de justesse. Un monde nouveau m'apparut : le voile qui me cachait l'horizon était tombé, et mes yeux, habitués à l'obscurité, s'entr'ouvraient à la lumière.

Je trouvais maintenant la raison de ces tressaillements qui agitaient ma jeunesse ignorante, j'avais le secret de mes vagues aspirations vers l'idéal, de mes répugnances instinctives, de mes sympathies involontaires. En un mot, le changement que ces lectures opérèrent en moi fut si général et si prompt, que je ne me reconnaissais plus moi-même. Il semble que la chrysalyde n'attendait plus que ce dernier effort pour laisser le papillon se dégager de son enveloppe terrestre et essayer ses ailes aux rayons du soleil.

Je me sentais homme, enfin.

Alors, mais trop tard, je rougis d'avoir pu craindre la pauvreté et de m'être épouvanté à son aspect, à ce point d'avoir consenti à me lier pour toujours afin d'éviter ses rigueurs. Tandis que je grandissais à mes yeux, ceux qui m'entouraient descendaient en proportion dans mon estime. J'en vins jusque-là de ne pouvoir envisager un prêtre sans éprouver un mouvement d'indignation à peine contenue.

Oh! si les hommes qui endoctrinent la jeunesse en la trompant par des mensonges et de grossières calomnies savaient sur quelle base fragile ils s'appuient et combien la découverte de la vérité les rend méprisables aux yeux de ceux qu'ils ont un instant abusés, ils renonceraient bien vite à leur absurde système d'ilotisme et d'asservissement.

Ainsi qu'il devait arriver, ma situation me parut bientôt insupportable, et je résolus d'en changer à tout prix. Cependant, malgré l'exaltation de mes idées, je pris du temps pour réfléchir. J'avais acquis l'expérience que tout ce que j'avais déjà tenté pour briser mes fers n'avait servi qu'à les river davantage, parce que je n'avais jamais agi que sous l'inspiration du moment et sans que mes résolutions fussent bien arrêtées.

— Il faut, me dis-je, qu'avant de quitter cette maison je me sois tracé un plan de conduite à suivre; que j'aie trouvé des moyens d'existence assurés, et que les obstacles qui pourraient encore s'opposer à l'exécution de mon projet soient d'avance prévus et conjurés.

Je n'avais point appris de métier; mon ignorance était trop grande pour que je songeasse à me livrer à l'instruction publique : d'ailleurs je sentais bien que la haine de mes ennemis me fermerait l'entrée de cette profession. Il fallait donc chercher autre part. L'état militaire ne me souriait plus comme autrefois et je voulais tenir la promesse que j'avais faite à Marguerite.

Le jeune homme qui m'avait prêté Rousseau et qui était devenu mon ami, m'avait quelquefois entretenu des projets que plus jeune il avait formés, et quoiqu'au moment où il m'en parlait, ils me parussent, ainsi qu'à lui, romanesques et extravagants, je ne les en adoptai pas moins, faute de mieux.

Il y avait encore plusieurs armateurs à Saint-Malo, quoique les Anglais leur fissent une chasse continuelle avec des forces toujours supérieures. Je pris le parti d'aller offrir mes services au premier qui voudrait les accepter et de courir les chances des courses de mer, avec l'arrière-pensée de passer aux États-Unis à la première occasion.

Je communiquai mon plan à mon nouvel

ami. D'abord il le combattit de toutes ses forces ; mais lorsque je lui eus dévoilé l'état de mon âme et l'horreur de ma position, il changea d'avis et me dit ces paroles, qui ne sortiront jamais de ma mémoire :

— Vous avez raison, partez : lorsqu'on n'embrasse la carrière ecclésiastique que dans des vues intéressées ou pour manger le pain de l'oisiveté, on court trop le risque de n'être jamais que l'apparence d'un honnête homme, si l'on ne devient pas un dangereux hypocrite.

Encouragé par son assentiment, aidé de ses conseils, je me mis à la disposition du célèbre corsaire Surcouf. Grâce à l'intervention de mon ami et de l'un de ses parents, mes services furent acceptés, et je reçus l'ordre de me tenir prêt à partir dans les neuf jours.

J'employai le temps qui me restait à faire mes petits préparatifs et à réclamer de la comtesse ce qu'elle me devait. Elle s'acquitta sans difficulté, et elle ne me parla même pas de cette invention de billets perdus dont tout l'honneur revient à Leognan ou à ses deux acolytes. Je me défis de tous mes effets l'un après l'autre, quoique je n'eusse encore rien décidé sur la manière dont je parviendrais à fuir du séminaire.

Mon ami, dont l'imagination était plus exercée que la mienne, se chargea de trouver le moyen qui me manquait. Il avertit M. G., étudiant en droit, son ami, qui déjà s'était prêté à me rendre quelques légers services, de se trouver avec un cheval sur la route de Saint-Malo, le premier jeudi suivant, et d'avoir avec lui de quoi métamorphoser un abbé en un voyageur ordinaire ; ensuite, nous partageâmes le reste des objets que je voulais emporter, et lorsque les séminaristes allèrent en promenade, nous sortîmes séparément et nous nous rejoignîmes un peu en arrière de nos condisciples.

Mon jeune ami m'embrassa avec émotion et s'éloigna après avoir glissé sa bourse dans ma main. Je pris à travers champs, et j'arrivai, sans avoir rencontré personne, sur la route de Saint-Malo, au lieu indiqué, le cœur singulièrement agité et tremblant comme la feuille.

M. G. se trouva fidèlement au rendez-vous. Je changeai d'habits à l'abri d'une haie, et, faisant un paquet de ma défroque, je le jetai avec dégoût loin de moi.

— Pas de ces mouvements irréfléchis, me dit M. G., votre soutane peut encore vous être bonne à quelque chose ; emportez-la.

Il l'attacha derrière ma petite valise, me donna une poignée de main et après m'avoir indiqué l'endroit où je devais laisser mon cheval, il me souhaita un bon voyage ; puis il reprit le chemin de la ville, tandis que, respirant plus à l'aise, je m'en éloignais grand train.

Le lendemain, vers le milieu du jour, j'arrivai à pied à Saint-Malo, après avoir laissé mon cheval à quelques lieues de la ville, ainsi que me l'avait recommandé M. G. en me quittant. J'étais encore tout étourdi de mon audace et si fatigué d'ailleurs par le voyage, que je ne voulus pas me montrer sur-le-champ à mon armateur. J'appris qu'il était à Saint-Servan, et je résolus, une fois reposé, d'aller l'y trouver.

Le bateau contenait déjà plusieurs passagers lorsque j'y entrai. Au moment où je les saluais, un jeune homme remarqua ma tonsure, que je n'avais pu faire disparaître et dit en riant à son voisin :

— C'est un calotin ! nous avons de quoi nous amuser pendant la traversée.

Je n'eus pas l'air d'avoir entendu, mais je recueillis le propos et j'en tirai la très fausse conséquence que les prêtres jouissaient de peu de considération dans le monde. J'étais si inexpérimenté !

Pendant tout le temps que nous passâmes dans le bateau, je fus en butte aux plaisanteries des jeunes voyageurs. Je les supportai avec patience : mon esprit était autre part, et d'ailleurs je n'osais répondre à des attaques qui s'adressaient moins à ma personne qu'à un état pour lequel je n'avais rien moins que de l'attachement et de la vénération.

Surcouf ne se trouva pas à Saint-Servan, et, fort contrarié, j'entrai dans une auberge. J'y rencontrai un de mes compagnons de voyage, celui-là même qui s'était le plus acharné à me tourner en ridicule. Nous mangeâmes ensemble, mais il me laissa en repos, soit qu'il eût pitié de ma tristesse ou qu'il se fût lassé de me taquiner sans m'arracher un seul mot. Lorsque nous nous levâmes de table, il me proposa de faire un tour par la ville. Je le remerciai d'abord en refusant ; mais il insista, et je finis par céder.

Arrivés sur le bord de l'eau, nous aperçûmes une barque qui faisait force de rames pour remonter la rivière. Elle n'était occupée que par les bateliers et deux gendarmes. Cette vue me fit involontairement tressaillir et j'engageai mon compagnon à nous éloigner. La barque avait disparu, cependant j'étais agité d'une sorte de pressentiment comme s'il devait m'arriver quelque malheur.

Nous rentrions dans la ville lorsque les deux gendarmes que je venais de voir passer se présentèrent tout-à-coup devant nous et nous barrèrent le passage. L'un d'eux nous demanda brusquement nos papiers. Je n'en avais point, et je demeurai tout interdit. Mon compagnon présenta son passeport, et comme je lui avais avoué que je m'étais rendu à Saint-Malo dans l'intention de m'embarquer sur un navire de Surcouf, il prit la parole pour moi.

— Ce jeune homme, dit-il aux gendarmes en me montrant, n'a pas besoin de passeport. Il est des environs de la ville et connaît l'armateur Surcouf. Vérifiez le fait, et ne vous exposez pas à commettre une méprise.

— Nous connaissons notre métier, répondirent les gendarmes. Ce jeune homme est bien celui dont nous avons le signalement.

Le plus grand fouilla dans sa poche, en tira une lettre et après l'avoir parcourue en même temps qu'il jetait sur moi de fréquents regards, il me la présenta en me disant :

— Osez-vous nier que vous soyiez la personne désignée dans ce papier ?

Que devins-je en reconnaissant l'écriture et la signature de Leognan ! Il me dénonçait comme un conscrit réfractaire que le séminaire rejetait de son sein et qui se trouvait ainsi privé de l'exemption accordée aux jeunes gens dévoués à l'état ecclésiastique.

Je convins de tout et les deux gendarmes se préparaient déjà à s'assurer de ma personne, lorsque mon compagnon de promenade s'écria :

— Doucement, Messieurs, l'on ne met pas les menottes à un homme qui ne fait pas de résistance. Au surplus, je réponds de lui corps pour corps et je vous engage à venir, avant de nous séparer, souper ensemble à l'auberge.

Mes deux argus tinrent conseil. La perspective du souper les avait charmés : ils acceptèrent l'invitation, et nous retournâmes à l'auberge comme de bons amis ; seulement j'étais serré de près et j'avais à mes côtés de trop attentifs compagnons.

Le jeune homme demanda une chambre particulière et nous quitta un moment pour aller commander le souper. Il rentra quelques instans après avec un monsieur nommé P. que je ne connaissais pas encore et qui remplissait des fonctions assez importantes à Saint-Servan. Les gendarmes lui marquèrent une certaine déférence, et le laissèrent m'interroger.

— M. F., dit-il après l'interrogatoire à mon ami du bateau, je vous conseille de ne plus prendre sous votre responsabilité ce jeune homme que vous ne connaissez pas et qui me semble au moins très léger. Ces deux messieurs, ajouta-t-il en désignant les gendarmes, savent trop bien leur devoir pour manquer à ce qu'il exige d'eux en s'en reposant sur la foi d'autrui.

Les gendarmes firent un signe de tête approbatif, et M. F. se hâta de déclarer qu'il avait répondu de moi jusqu'à l'auberge, qu'il en répondrait encore pendant le souper, mais qu'ensuite il laisserait les deux gendarmes agir à leur guise.

M. P. se retira, et je me trouvai plus aban

donné que jamais. Mon dernier espoir de protection m'était enlevé.

Nous nous mîmes à table. J'étais assis entre mes deux surveillants, et M. F. se plaça en face de nous. Comme je ne mangeais point, M. F. se crut obligé de m'encourager.

— Pourquoi tant de chagrin ? me dit-il ; vous en serez quitte pour échanger votre habit contre un uniforme. Puisque vous aimez les voyages, l'empereur vous fera voir du pays, et autant vaut satisfaire vos goûts sur terre que sur mer.

Il accompagna ces consolations ironiques de mille autres plaisanteries qui excitèrent la gaîté des gendarmes et me mirent de très méchante humeur.

— Vous êtes un sot, me répétait-il en voyant que j'effleurais à peine mon verre, vous êtes un sot de vous livrer à la mélancolie ; je vous garantis que de longtemps vous ne boirez d'aussi bon vin que celui-ci. Du reste, se prit-il à dire, puisque vous ne voulez pas me faire raison, ces messieurs seront plus sages que vous et boiront avec moi à la santé de l'empereur.

Les gendarmes trinquèrent avec empressement ; les verres se remplissaient et se vidaient avec une effrayante rapidité. Après de nombreuses rasades, mon ami, qui s'évertuait à me faire avec les yeux des signes que je ne comprenais pas, traça sur son assiette ces mots : « Il faut que vous paraissiez ivre-mort, buvez. » Les gendarmes, qui se racontaient leurs campagnes d'Allemagne, ne remarquèrent point ce manége. Pour moi, je crus deviner ; aussi, lorsque mon ami m'offrit de nouveau du vin, je m'empressai de l'accepter. Alors, se récriant sur la bonne volonté que je montrais de chasser l'ennui :

— Il faut, dit-il aux gendarmes, qu'il boive à son tour à la santé de l'empereur, puisqu'il va le servir. Allons, mes braves, donnons-lui l'exemple.

Le vin mousseux descendit en pétillant dans nos verres, et nous trinquâmes à grand bruit. Mes cerbères étaient en gaîté et buvaient comme des éponges. Après avoir avalé plusieurs coups, je me penchai comme si j'étais pris de sommeil, et je me laissai aller sur un des gendarmes.

— Tiens, dit-il à son camarade, en voilà un de conscrit ; il ne valait rien pour être curé. Il lui faut encore deux campagnes dans le ventre pour faire son éducation.

Puis il me repoussa contre le mur, et je retombai en feignant de dormir profondément. Cependant mes trois compagnons tenaient toujours table, l'eau-de-vie avait succédé au vin, lorsque j'éprouvai très réellement d'abominables nausées. Mon vis-à-vis le fit remarquer aux gendarmes, en les engageant à me porter sur un lit. Il n'y en avait pas dans la pièce où nous soupions, et mes gardiens ne se souciaient pas de me perdre de vue.

— Eh bien ! dit mon ami, passons dans une chambre ; nous coucherons ce fameux buveur, et tout en veillant sur son sommeil, nous boirons du punch.

On appela l'hôte, et bientôt les trois compagnons s'installèrent dans une énorme chambre meublée de quatre lits. J'occupais celui qui était le plus éloigné de la porte, et je ne perdais pas un mot de ce qui se disait. Bientôt, au surplus, deux personnes seulement prirent part à la conversation ; un des gendarmes y mêlait bien un ronflement sonore, mais les interlocuteurs semblaient trop attentifs à leurs récits pour y prêter attention.

Le gendarme qui se tenait encore debout, ou pour mieux dire, assis, racontait au jeune homme comment il avait gagné la croix d'honneur.

— Les Autrichiens étaient là, disait-il en posant son verre sur la table, et notre poste ici.... ils ne savaient pas que l'empereur était arrivé dans la nuit et ils se donnaient le genre de faire des bravades jusqu'aux avant-postes. Le petit caporal mit sa main dans son habit vert, et nous dit : — Ah ! ça, mes enfants, souffrirez-vous que ces mangeurs de choucroute viennent vous tirer la moustache ? — Non sacrebleu ! général, lui répondis-je? — Eh bien ! veux-tu aller sabrer ce grand bonhomme qui s'avance avec ses plumes de coq? — Si je le veux ? demandez au capitaine si je puis quitter le poste et vous verrez. — Va toujours, je te le permets, me dit-il. Je partis comme un boulet et je galoppai au devant de l'Allemand. C'était un officier supérieur, sacrédieu, et il m'attendit crânement. Il me dit deux ou trois mots dans son baragouin ;

mais je lui répondis en français avec mon sabre. Il se faisait prier pour tourner de l'œil, et je ne l'eus que d'un joli coup de pointe qui fit plaisir au petit tondu. Il était temps d'en finir, car six chasseurs arrivaient au galop sur moi. En voyant tomber mon homme, ils me lâchèrent leurs coups de carabine et j'entendis siffler drôlement les balles à mes oreilles; je revins pourtant sans trou à ma peau et l'empereur me dit : C'est bien, mon brave! Comment t'appelles-tu? — Jean Pierre, mon général. — Tiens, Jean Pierre, voilà ma croix, que tu as bravement gagnée. Il me l'attacha lui-même à un bouton de mon uniforme, et voilà...

— C'est fièrement beau, s'écria mon ami; à votre santé, Jean Pierre.

J'entendis le choc des verres.

— Il ne faut pas bouder ce reste de punch, ajouta-t-il : à la santé du petit caporal!

La voix du gendarme baissait de ton, et il

lui devenait de plus en plus difficile d'articuler. M. F., qui semblait, lui aussi, écrasé de sommeil, se jeta sur le lit qui touchait la porte. Le gendarme se leva pour aller la fermer ; il vint ensuite me mettre la chandelle sous le nez, et enfin il s'étendit sur le quatrième lit, où il ne tarda pas à ronfler comme son camarade. Peu après, j'entendis quelqu'un s'approcher de moi et me demander si je dormais.

— Non, répondis-je.

— Eh bien ! levez-vous, allez rue Solidor, n°.. ; vous y resterez jusqu'à ce que vous receviez de mes nouvelles.

Je sautai à bas du lit et je me dirigeai vers la porte : le gendarme en avait pris la clé. M. F. ouvrit alors une fenêtre heureusement assez peu élevée au-dessus du sol et je descendis dans la cour. Un garçon d'écurie me donna mon paquet, et je courus rue Solidor. J'étais attendu, et on me logea dans un grenier où je trouvai un matelas et des couvertures.

Il me fut impossible de dormir. Lorsque le jour parut, mes craintes devinrent si vives que je ne pouvais rester en place. Le moindre bruit me glaçait d'effroi : je croyais toujours entendre la voix de mes gendarmes. Je passai une cruelle matinée, et, lorsque la personne qui me cachait vint m'apporter de la nourriture, j'étais si défait qu'elle recula de deux pas en arrière. Cependant, mon protecteur essaya de me rassurer, en m'apprenant que les gendarmes allaient probablement retourner à Saint-Malo sur la foi d'un faux renseignement. On les avait, en effet, avertis qu'un jeune homme était parti de très grand matin dans un bateau.

— Vous pourrez même, ajouta-t-il, les voir s'embarquer par cette lucarne qui donne sur la rivière. Quant à votre compagnon, il a couru avec eux aux informations toute la matinée et ils n'ont pas le moindre soupçon sur son compte. Restez ici tranquille en attendant le départ du navire de votre armateur.

J'avais besoin de ces détails rassurants pour me calmer. Je repris courage, et je me mis hardiment à regarder par la lucarne. La marée se retirait et les barques partaient. J'étais à mon poste depuis quelques minutes, lorsque je découvris mes deux gendarmes descendant la rivière en bateau, et voguant dans la direction de Saint-Malo. Je fis un saut de joie, et je me regardai comme sauvé. Un instant après, l'ami auquel je devais mon évasion me rejoignit, et nous dînâmes avec le maître de la maison plus joyeusement que je n'avais soupé la veille.

Voici comment tout s'était arrangé pour me sauver de la prison, et peut-être de pis : M. P., qui m'avait interrogé à mon retour à l'auberge, avait été averti par mon compagnon de bateau qu'un jeune conscrit, poursuivi comme réfractaire, affirmait qu'il n'attendait que le départ du premier navire de Surcouf pour quitter la France. M. P. était lié d'amitié et d'intéret avec cet armateur, et c'était précisément lui qui avait inscrit mon nom parmi ceux des jeunes gens qui voulaient aller en course. Il se trouva donc disposé en ma faveur, et M. F. et lui convinrent en un instant de leurs faits. M. P. indiqua l'asile où je pourrais me réfugier, lorsque mon ami m'aurait débarrassé de mes gardiens.

On a vu avec quel succès le dernier joua son rôle : il avait si bien réussi à dépister les gendarmes qu'ils s'étaient séparés les meilleurs amis du monde.

Je reçus aussi l'avis que le corsaire n'attendait plus qu'un bon vent pour sortir du port, et qu'une embarcation viendrait bientôt me prendre pour me conduire à bord. Le soir même, en effet, je quittai la maison de mon protecteur inconnu, accompagné de mon ami, qui s'était déjà attaché à moi en proportion du service qu'il m'avait rendu.

Le lendemain, au point du jour, après m'avoir adressé mille affectueux souhaits, il retourna à terre, tandis qu'aux premières lueurs de l'aube nous mettions à la voile pour quitter la France.

Je faisais mon apprentissage de marin, et je ressentis bientôt le malaise qu'occasionne presque toujours la mer aux nouveaux embarqués. Couché sur le pont, je souffrais horriblement, et je payais un large tribut au tangage et au roulis lorsque j'entendis un mousse crier du haut d'un mât. Un instant après, nous découvrîmes plusieurs voiles anglaises qui marchaient sur nous avec une vîtesse bien supérieure à celle de notre navire. On ne pouvait songer à s'ouvrir un passage de vive force, et le capitaine, après avoir tenté différentes manœuvres pour échapper aux croiseurs ennemis, se vit contraint de virer de bord.

Nous rentrâmes au port vers midi.

J'étais trop accablé par la souffrance physique pour m'en beaucoup inquiéter, et je retombai dans une apathie semblable à la mort. Embarrassé de moi, le capitaine me fit transporter à l'hôpital de la ville.

Il n'y avait pas une heure que j'y étais, et je commençais à revenir à la vie, lorsque je vis entrer, porté sur un brancart, l'un des gendarmes qui m'avaient arrêté la veille ; il venait de tomber de cheval et s'était fracturé la cuisse. Par une fatalité inconcevable, le lit à la gauche du mien était vide, et l'on y plaça le gendarme. Je me crus perdu. Cependant, je me tins bien couvert, et je tâchai d'attirer le moins possible l'attention de mon voisin.

Il éprouvait de si cruelles douleurs que, pendant le premier jour, il ne songea pas à s'occuper de moi ; mais, aussitôt qu'il put respirer, il voulut faire connaissance avec son camarade de chambrée. A diverses reprises, il m'adressa la parole sans que je lui répondisse. Il demanda alors à la sœur quelle était ma maladie, et la bonne religieuse de raconter tout ce qu'elle en savait, en ajoutant certains détails sur ma personne qui avaient transpiré je ne sais comment. Le blessé reconnut aussitôt la proie qui lui avait échappé. Il demanda un crayon et du papier et avertit son camarade, que j'eus le déplaisir de voir bientôt arriver en compagnie d'un commissaire de police.

On procéda à l'examen du marin soupçonné d'être le séminariste fugitif, et, une fois mon identité bien constatée, on me transporta dans la chambre des prisonniers, malgré les larmes de la pauvre sœur, qui se reprochait un peu trop tard ses bavardages.

Ce fut donc à une prison d'hôpital que vint

aboutir ma grande entreprise. Pour un apprenti corsaire, c'était, on en conviendra, un assez triste début.

IV

A vingt et un ans, avec une imagination vive, de la sensibilité et un grand fonds d'orgueil, on fait de bien douloureuses réflexions sur un grabat de prison. Le temps que je passai dans cette misérable chambre d'hôpital, compte parmi les heures les plus pénibles de ma vie. Le voyage, la mer, les secousses de tout genre que j'avais éprouvées depuis ma fuite du séminaire, m'avaient tellement fatigué, que huit jours entiers s'écoulèrent avant que je fusse en état de quitter l'hôpital, et pendant ces huit longs jours, je n'eus pour toute société que l'écume des scélérats : deux marins, réceptacles d'ignobles vices et d'infirmités dégoûtantes, un contrebandier homicide, trois voleurs de grand chemin et un escroc au jeu.

Il me sembla que j'allais sortir du purgatoire, lorsqu'au bout de la semaine, on m'avertit de me tenir prêt à partir le lendemain.

Une charette découverte dans laquelle le conducteur avait oublié une poignée de paille entra dans la cour, et on me fit monter dedans après m'avoir mis des menottes qui me serraient cruellement les poignets. Au moment du départ, un homme en soutane vint parler au brigadier chargé de me conduire ; je crois que j'étais l'objet de leur conversation, car lorsque l'homme noir se fut éloigné, on m'ôta les menottes et l'on me couvrit d'un manteau de gendarme.

J'avais pour unique compagnie, dans ma charette, une coureuse que l'on renvoyait, de brigade en brigade, dans son pays : elle était née, me dit-elle, dans un gros bourg proche du Mans, sur la route de Tours. Si j'eusse voulu savoir toute son histoire, elle m'en aurait très volontiers régalé ; mais je me montrai peu communicatif, et pendant toute la route elle s'escrima avec les gendarmes, qui me parurent aussi peu réservés dans leurs propos que cette malheureuse fille elle-même.

Nous fîmes halte à moitié chemin. Le curé du lieu vint me visiter, s'étendit au long sur mon malheureux sort, et, tout en déplorant mon funeste aveuglement, ne me montra qu'une froide pitié. Je fus cependant beaucoup mieux nourri que ma compagne, et mes gardiens ne cessèrent de me montrer des égards ; ainsi, on me permit de coucher dans une auberge avec les gendarmes.

Le lendemain, nous repartîmes de grand matin pour Rennes. Arrivé à la prison, où l'on m'écroua, le concierge m'introduisit dans une chambre particulière. J'étais à peine installé, que je vis entrer l'abbé B..... Je l'avais connu au séminaire, et il m'avait inspiré une certaine affection.

La conversation fut vague ; mais elle se dessina bientôt :

— Votre répugnance pour l'état ecclésiastique, me demanda mon visiteur, est-elle toujours aussi invincible, et ne pensez-vous pas que la position du plus humble curé vaut mille fois mieux que votre état actuel, qui n'est peut-être pas encore aussi mauvais que celui qui vous attend ?

— Quand je n'aurais pas d'éloignement pour la prêtrise, lui répondis-je, vous comprenez qu'il ne m'est plus possible d'y songer même comme à un lieu de refuge, après les humiliations et la honte dont m'a abreuvé M. Leognan. N'ai-je pas lu la lettre dans laquelle il me dénonce à la police et me signale comme un conscrit réfractaire que le séminaire a repoussé de son sein !

— Ce n'est pas possible ! s'écria l'abbé...

— Je vous le répète, j'ai tenu sa lettre entre mes mains, et j'ai de mes yeux lu le signalement qu'il a donné lui-même de ma personne.

M. B. changea de sujet d'entretien et fit quelques tentatives pour me détourner de la voie que je suivais. Je restai ferme et je lui déclarai que, quelle que pût être ma destinée, elle me semblerait toujours préférable à la condition qui m'attendait à la sortie d'un séminaire, lié pour la vie et n'ayant pour société intime que des gens semblables à Leognan ou qui viendraient me vanter ses vertus.

L'abbé se retira d'un air mécontent et je ne le revis plus.

Quelques jours après, le visage jusque là gracieux du geôlier se rembrunit et il m'annonça sans préambule que si je n'avais pas de quoi payer ma chambre et mon ordinaire, il serait obligé de me mettre avec les autres prisonniers, en attendant que je parusse devant le conseil de guerre. J'étais atterré; mais j'étais dépourvu d'argent et il ne m'était pas possible de satisfaire aux exigences de la pistole. Je dus me soumettre à la loi commune : le soir même, le geôlier me fit descendre avec les autres habitants de la prison dont je partageai leur maigre pitance.

Ce changement faillit ébranler toutes mes résolutions, et si je n'eusse craint de passer pour un homme d'un caractère faible, j'aurais probablement demandé à l'abbé B... de venir recevoir la déclaration que j'étais prêt à souscrire à tout pour sortir de ma position misérable.

Je passai la nuit couché sur la paille dans un espèce de cachot fétide, sans pouvoir fermer les yeux. Le jour me préparait une scène plus cruelle encore.

Nous achevions notre pauvre déjeûner lorsque le bruit de l'arrivée d'un nouveau venu attira les plus curieux d'entre nous à la grille. J'y allai comme les autres, et dans ce nouveau compagnon, je reconnus immédiatement le déserteur que j'avais découvert autrefois sur le bord de la Vilaine. C'était presque un ami ; mais hélas ! où le retrouvais-je ?

Lorsqu'il se fut débarrassé des importunes questions de nos camarades, je l'abordai à mon tour, et, apres m'être rappelé à sa mémoire, je lui demandai dans quelles malheureuses circonstances il avait été pris.

Lorsqu'il eût été signalé à la gendarmerie par l'abbé Matelin, me raconta-t-il, il parvint à se soustraire aux recherches en se cachant dans le pallier de la ferme du père Matelin. La fille aînée Margaïc l'y nourrissait. L'abbé, qui épiait les démarches de sa sœur, parvint à découvrir la retraite du déserteur : il semblait perdu; mais son bon ange veillait, et il fut encore une fois sauvé. Il se cacha dans un arbre creux où sa mère et sa sœur lui apportaient à manger. Pendant quelque temps, il vécut assez tranquille ; mais Margaïc ayant été reconduite en pension, l'abbé Matelin s'empressa de chasser de leur maisonnette les deux pauvres femmes, parce que le père était mort sans confession. Elles ne trouvèrent point d'asile aux environs et il leur fallut en aller chercher un dans une autre commune. Mikel se trouva obligé par conséquent de quitter sa retraite ; il se rapprocha de sa mère et de sa sœur, et vécut de ce que leur accordait la charité publique ; mais il n'avait plus de retraite sûre: La commune dans laquelle sa mère s'était retirée n'était séparée de celle qu'habitait le fils Matelin que par un petit bois où Mikel venait souvent se cacher pendant le jour.

— L'abbé Matelin, continua le déserteur, a fait venir une maîtresse d'école de son choix qui mourrait de faim si le curé ne la nourrissait pas. Cette fille, encore jeune, se livre à l'oisiveté, faute d'écoliers et passe son temps à l'église ou à courir la campagne. Elle vint visiter, il y a dix ou douze jours, la femme d'un fermier qui me donnait de l'ouvrage et me logeait dans sa grange. Je ne sais pas par quel hasard la maîtresse d'école apprit qu'il y avait dans la maison un déserteur ; toujours est-il qu'elle le sut et qu'elle en donna avis à l'abbé, qui passe pour son directeur de conscience, et j'eus bientôt à mes trousses la gendarmerie. Je tiens ces détails du brigadier de P..., qui a fini par m'arrêter hier au soir, au moment où je me dirigeais vers la ferme. Il est encore fort heureux que je n'aie pas été découvert caché chez le fermier, car on l'aurait arrêté comme coupable d'avoir recelé un déserteur. Ainsi, c'est au fils Matelin que je dois mon malheur. Du reste, me dit Mikel en terminant, je suis préparé à mon sort. L'un des gendarmes m'a assuré que je serais immanquablement fusillé. Je m'y attends, et, en conscience, je n'ai de chagrin qu'à cause de ma pauvre mère, tant je suis las de la vie que je menais depuis longtemps.

Le surlendemain, le déserteur fut dirigé vers une ville voisine, où siégeait le conseil de guerre. On ne me permit ni de lui parler, ni de le voir avant son départ, et depuis je n'ai plus entendu parler de lui.

Cependant ma situation ne changeait pas. Il semblait qu'on m'eût oublié en prison. Je me désespérais, quoique je susse bien que ce qui pourrait m'arriver de pis, c'était d'être envoyé dans un régiment.

Plusieurs détenus prétendaient même qu'on

n'aurait pas dû m'arrêter, parce que je n'étais pas déserteur de fait, et que ma tentative d'embarquement témoignait beaucoup plus du désir de me soustraire au séminaire que de l'intention d'échapper au service. Mon ignorance à ce sujet était telle que je n'avais pas la moindre idée de ce qui était permis et défendu. Je jugeais de l'étendue du droit par la puissance du fait, et j'en restais là.

L'un de mes conseillers de prison augmenta mes inquiétudes en me déclarant, qu'il fallait de bien graves raisons pour me traiter aussi arbitrairement.

Au milieu de cette incertitude, ne voyant pas de terme à mon emprisonnement, je résolus d'adresser un mémoire au général et aux fonctionnaires civils.

Je me mis au travail avec ardeur. Au bout de deux jours, mon mémoire justificatif était prêt. Mon conseiller le trouva mal écrit, diffus, et m'engagea à le refondre et à l'abréger de moitié. Je recommençai ma besogne, et j'avais presque achevé lorsqu'on m'annonça la visite de l'abbé B...

Le geôlier nous introduisit dans une pièce particulière, et là notre abbé, entamant brusquement l'affaire, me déclara qu'en qualité de diacre j'appartenais au clergé et relevais, par conséquent, de la juridiction ecclésiastique.

— On vous laisse encore le choix, me dit-il, ou d'achever de recevoir les ordres, ou de vous condamner vous-même à une prison perpétuelle.

Je voulus me récrier, protester contre ce despotisme. Il ne m'écouta même pas.

— On vous accorde trois jours pour réfléchir à ma proposition, ajouta l'abbé en se retirant, et, dans votre propre intérêt, je ne saurais trop vous recommander la plus absolue discrétion.

Il me serait difficile de dépeindre les sentiments qui m'agitèrent à la suite de cette entrevue. La conduite arbitraire qu'on tenait vis-à-vis de moi m'inspira d'abord une vive indignation, et la voix qui plaidait pour mon repos me sembla une conseillère lâche et timide. Mais peu à peu la raison reprit le dessus, et le séjour du séminaire finit par me paraître tel qu'il était réellement : moins désagréable qu'une détention dont je ne pouvais prévoir le terme.

Dès le second jour j'étais fort ébranlé ; au troisième mon parti était pris : j'embrassais définitivement l'état ecclésiastique et je me dévouais aux missions étrangères.

Faut-il l'avouer ? En m'arrêtant à ce projet j'entrevoyais vaguement la possibilité de me procurer plus tard une indépendance complète, et de me retirer en Amérique. Je me trouvai même bien niais d'avoir, moi qui étais lié par le diaconat, tant tardé à prendre ma résolution ;

mais il est des circonstances dans la vie où la raison et le bon sens nous font défaut à tel point que nous rougissons de nous-mêmes lorsqu'ensuite nous réfléchissons de sang-froid.

L'abbé B. revint au jour désigné et je lui annonçai ma détermination sans lui parler des motifs secrets qui l'avaient dicté. A la joie qu'il témoigna je crus m'apercevoir qu'il n'osait espérer un aussi favorable résultat.

Il partit, et quatre heures après une voiture s'arrêta à la porte de la prison. Le geôlier vint me chercher et m'annoncer que dès ce moment je ne comptais plus au nombre de ses pensionnaires.

Il y avait dans la voiture un ecclésiastique d'environ cinquante ans que je ne connaissais pas. Il me remit une lettre ouverte et ne parut plus s'apercevoir que j'étais assis à côté de lui. Voici ce que l'on m'écrivait :

« Vos antécédents sont trop scandaleux

« pour que nous puissions vous garder dans « ce diocèse; mais ils ne sont pas tels que « nous devions vous laisser tomber jusqu'au « fond de l'abîme. La confiance que vous a « témoignée la comtesse de... et que vous ne « méritiez pas, exige aussi que nous ayons vo- « tre personne à notre disposition pendant un « certain temps. Ne cherchez plus à tromper « notre surveillance : vous y perdriez votre « peine, et votre sort n'y gagnerait rien, au « contraire. Comportez-vous avec prudence et « discrétion dans la maison où nous trouvons « à propos de vous envoyer, et méritez par « une meilleure conduite que nous oubliions « le passé. »

Cette singulière épître, écrite par une main inconnue, ne portait aucune signature. Je la relus et je la méditai. Si je l'eusse reçue avant de sortir de prison, peut-être aurais-je mieux aimé faire encore partie pendant quelque temps du pensionnat du geôlier, tant j'étais effrayé des dangers invisibles qui semblaient peser sur ma tête.

La voiture sortit de la ville. Après six ou sept heures d'une course rapide, nous changeâmes de chevaux et continuâmes notre route. Mon compagnon était toujours aussi silencieux qu'au départ, et il paraissait sommeiller ou réfléchir. J'eus le temps de l'observer à loisir, et je ne tirai pas de cet examen un agréable augure. Son teint basané, ses yeux saillants surmontés d'épais sourcils noirs, son front bas et bombé, l'expression rude et sévère de ses traits, ne composaient pas un ensemble très attrayant et n'avaient rien qui pût me rassurer. Cependant, je n'eus point à me plaindre de lui pendant les quatre jours et demi que nous voyageâmes ensemble. Il prenait soin qu'on m'apportât tout ce dont j'avais besoin; et, s'il paraissait en tête-à-tête me traiter avec un humiliant dédain, du moins ses ordres et ses attentions dans les hôtelleries, témoignaient de cette pensée que j'étais à ses yeux un enfant égaré.

Nous arrivâmes à *** ; et, au lieu de descendre à l'auberge, nous allâmes tout droit au séminaire. Mon gardien m'y déposa, remit une lettre au portier, remonta dans la voiture sans me dire un mot, sans m'adresser un geste, un regard, et je l'entendis ordonner au cocher de le conduire à l'évêché.

Le supérieur m'envoya chercher au parloir, où j'avais attendu environ une demi-heure ; après m'avoir adressé deux ou trois questions insignifiantes et examiné des pieds à la tête, il me congédia. Un domestique se présenta pour m'indiquer ma chambre. Je le suivis, et j'entrai dans une cellule assez grande et n'ayant que l'ameublement de rigueur.

On m'apporta de la nourriture en m'avertissant de ne descendre que lorsque j'en recevrais l'ordre; cependant on ne ferma pas la porte à clé : je conservais les apparences de la liberté.

Je voyais bien, en somme, que je ne sortais d'une prison que pour entrer dans une autre; mais, mieux valait encore la solitude de ma cellule que la compagnie au milieu de laquelle je venais de vivre.

Combien devait durer ma nouvelle captivité? C'est ce que je ne pouvais deviner. Je sentais parfaitement que puisqu'on m'avait reconduit dans un séminaire, je devais finir par en sortir prêtre. Mais quand? Voilà ce qui me tourmentait.

Quinze jours se passèrent ainsi, pendant lesquels je n'eus d'autre société que quelques livres de piété dont la lecture me parut insipide.

Huit jours pourtant après mon entrée en cellule, il s'était opéré un petit changement dans ma condition.

Un billet du supérieur me donna l'avis que j'étais autorisé à entendre la messe et à assister aux offices de la maison, dans une tribune particulière, où l'on me conduirait sur ma demande. Je profitai de cette permission qui élargissait un peu le cercle de mon activité et je ne manquai plus un seul office.

Du haut de ma tribune, je vis le même spectacle que j'avais eu si longtemps sous les yeux à Rennes. Des abbés écoutant la messe, chantant sans goût et sans mesure, faisant des évolutions dans le chœur ou écoutant le nez en l'air et la bouche béante les plus pauvres sermons que j'eusse encore entendu débiter.

L'ennui me gagnait et, pour y échapper, j'entrepris d'écrire ce qui m'était arrivé jusqu'alors.

C'est à cette occupation, qui servit à me distraire, que je dois les éléments des Mémoires que je publie maintenant.

Mes souvenirs étaient si récents que les plus petites circonstances de mes premières années trouvèrent place dans ce travail inspiré d'abord par l'oisiveté et que j'ai continué depuis presque sans interruption, beaucoup plus pour me satisfaire qu'en vue d'une publicité, à laquelle je ne songeais pas.

Le lecteur se soucie assez peu d'ordinaire de connaître l'origine d'un livre; il a raison : l'important, c'est de lui plaire et de l'instruire. Mais ou je me trompe fort, ou une œuvre de la nature de la mienne a besoin d'être lue sans qu'on puisse soupçonner l'auteur d'avoir suppléé aux omissions de sa mémoire par la fiction.

S'il est un succès que j'ambitionne, c'est celui d'être cru, parce que je suis vrai. Je me devais donc d'expliquer comment des faits anciens, assez peu importants en eux-mêmes pour que j'aie dû les oublier, se retrouvent cependant aujourd'hui fidèlement racontés dans leurs moindre détails.

La vie intérieure d'un séminaire est si uniforme et si monotone que j'en veux épargner la fastidieuse description au lecteur. Tout s'y passe en momeries et en pratiques tellement puériles qu'un observateur superficiel serait tenté de croire que les gens qui habitent une pareille maison n'ont d'autre but que de tuer le temps en futilités et en niaiseries. Et pourtant, ce serait étrangement s'abuser : toutes ces petites pratiques qui semblent inutiles et sans portée donnent une tournure particulière à l'esprit et l'accoutument à l'observance des formes. Un jeune abbé qui s'incline avec componction, qui a appris au séminaire à se signer, à faire des génuflexions d'une manière dévote; un abbé qui lit son bréviaire avec un certain air mystique, qui marche les yeux baissés en évitant les regards des femmes, frappe bien autrement le peuple qu'un homme qui pratique ses devoirs sans rechercher les apparences extérieures.

Les prêtres en sont convaincus; aussi attachent-ils une extrême importance à enseigner des formules de maintien aux jeunes gens soumis à leur discipline. Quelques-uns possèdent peut-être les sciences, mais c'est la très rare exception, et ce petit nombre, on peut l'affirmer n'a pas perdu son temps à styler le corps aux dépens de l'intelligence. Le clergé se soucie d'ailleurs très peu de ces connaissances profanes qui sont maintenant du domaine de tous; aussi n'est-il question que pour mémoire, au séminaire, de l'histoire, de la géographie, de la physique, des mathématiques et de la chimie. Mais en revanche on y a une haute idée de la théologie, dont je n'ai rien à dire, parce que, je dois l'avouer, je ne l'ai pas étudiée assez longtemps pour en comprendre l'utilité et en apprécier les résultats.

Peu à peu, cependant, on m'autorisa à descendre au réfectoire et à la chapelle. L'entrée des cours me fut bientôt permise et je vécus enfin de la vie commune.

Ma patience et ma résignation m'avaient valu ces faveurs que l'on m'accorda l'une après l'autre, comme ces aliments que l'on donne à un malade après une longue diète et dont on observe les effets avant d'en augmenter la dose. La curiosité qu'inspirait un étranger entouré de mystère se dissipa avec l'habitude de le voir : j'étais rentré dans la classe des abbés ordinaires. Je me renfermai dans le rôle modeste qui m'était assigné et bien m'en prit, car je sentais autour de moi le souffle impur de l'espionnage.

Le temps avait calmé les agitations de mon cœur, et lorsque le souvenir de Marguerite s'élevait encore au fond de mon âme, il se présentait mélancolique et doux, comme une pensée du ciel.

Le monde dans lequel je vivais était si triste que je me dégageais par l'imagination de ses liens étroits. Ma pensée s'élançait bien au-delà de ma prison vers les régions de l'idéal. Les créations de ma fantaisie charmaient de leurs séduisante chimères mes longues journées et ces nuits plus longues encore pendant lesquelles, fatigué d'entendre au dehors siffler les vents, gronder les vagues et tomber avec un lugubre murmure des torrents de pluie, je cherchais à m'assoupir en rêvant une autre Marguerite, parée de toutes les vertus que j'avais chéries dans celle qui n'était plus.

Le supérieur me prit en affection et vint déranger ma vie rêveuse. Admis d'abord par lui à une confidence d'épreuve, je fis de rapides progrès dans son amitié et je me trouvai moins libre. Cependant c'est à cette amitié que je dois la rencontre de l'homme le plus sage qu'il m'ait été donné de connaître sur la terre, de l'homme auquel j'ai le plus ambitionné de ressembler.

Le supérieur m'avait ouvert l'accès de quelques maisons de la ville, et j'y avais vu plusieurs fois un vieillard d'assez bonne mine dont les manières simples et sans afféterie m'avaient enchanté. Mon manque d'usage et la timidité qui en est la conséquence naturelle, me firent rechercher la conversation d'un homme près duquel je me trouvais à l'aise. Plus je le vis et plus j'appris à le goûter.

Mon assiduité me gagna très vite ses bonnes grâces ; il m'engagea à l'aller voir, et son accueil empressé me le montra sous un jour plus favorable encore. Il aimait l'étude, savait beaucoup ; mais sa plus précieuse science était une grande connaissance des hommes et une sagesse désormais à l'abri du feu des passions.

Lorsqu'il eut découvert en moi une véritable avidité de m'instruire, il me fournit des livres, éclaira mes doutes, rectifia mes idées et me mit sur la voie la plus sûre pour compléter mon éducation, si j'en eusse eu le temps. Je lui donnai le récit de ma vie; mes malheurs le touchèrent et il reconnut ma confiance par d'excellents conseils.

— Si vous n'étiez pas, me dit-il, irrévocablement lié aux yeux des hommes, j'aurais éprouvé une grande satisfaction à changer votre sort. Puisqu'il est à jamais fixé, croyez-moi, tournez toutes vos pensées vers les moyens de le rendre, sinon heureux, du moins supportable. En devenant prêtre, vous rendez votre existence plus facile et plus sûre sans qu'il vous en coûte rien. Restez, au contraire, tel que vous êtes, et vos engagements, qui impriment sur votre front un signe ineffaçable, suffiront pour vous tenir séparé de la société sans compensation d'aucun genre. Vous avez déjà appris à vos dépens ce que peut l'esprit de corps, vous savez quelle vengeance il tire des transfuges. Croyez-en le seul ami que vous ayez peut-être. Soyez prêtre le plus tôt possible et vous aurez fait un grand pas vers le seul bonheur qu'il vous soit possible d'atteindre ici-bas.

Les discours, les exhortations incessantes de mon vieil ami parvinrent à me convaincre, et je me disposai à solliciter la prêtrise dans le plus bref délai. Le supérieur, qui s'aperçut de l'heureuse influence qu'exerçait sur mon esprit la société de M. A..., me fournit l'occasion de le voir souvent, et la fin de l'année arriva sans que ma conduite eût donné lieu à des plaintes fondées.

V

Je touche à une époque fameuse : 1814 commençait ! La France, menacée, s'agitait de toutes parts. Les agents du gouvernement ne négligeaient rien pour trouver des soldats, et mes supérieurs craignaient que les exigences militaires ne s'étendissent jusqu'à nous. Aussi les jeunes gens à peine entrés au séminaire, prenaient-ils les ordres : on les poussait à la prêtrise sans s'inquiéter de savoir s'ils avaient acquis les connaissances les plus indispensables. La foule des aspirants grossissait tous les jours. Le séminaire devenait plus que jamais le seul asile contre la conscription, et le clergé voyait sans peine l'abondante moisson qui se préparait pour combler les vides que la révolution avait faits dans ses rangs. Il ne fallait pas d'autre vocation, pour être jugé digne d'endosser le costume, que l'envie d'éviter la giberne, et c'est de cette masse de jeunes gens jetés par un aussi religieux motif dans le service du Seigneur, qu'est sortie cette génération de prêtres qui ont tant et si fructueusement travaillé la France pendant la Restauration.

L'horizon politique se rembrunissait. Les revers de nos armées au nord de l'Europe avaient relevé le courage des puissances alliées. L'Angleterre semait ses guinées à pleines mains, soufflait la vengeance au cœur des rois conjurés et continuait d'intriguer au sein même de la patrie. Cependant, l'homme dont le génie présidait à nos destinées, grandissant en face du danger, rassemblait les débris de ses héroïques armées et leur parlait des Thermopyles.

Mais toute la France n'espérait pas avec l'empereur. La comtesse de... m'écrivit une lettre extrêmement obligeante, en m'envoyant une montre en or et un cachet sur lequel était gravé la figure du dieu du silence. Je compris l'allusion ; mais cela n'était point nécessaire pour me décider à garder des secrets que je n'avais jamais eu l'intention de divulguer. La comtesse me laissait d'ailleurs entrevoir ses espérances, et comme toujours, c'était sur l'invasion étrangère qu'elle comptait pour les réaliser.

Quelle que fût mon éducation, en dépit de mon entourage, je sentis, en lisant cette lettre, qu'il y avait en moi un instinct national qui se révoltait contre la pensée du triomphe des étrangers. J'étais Français et non bonapartiste : la gloire de mon pays était aussi la mienne ; je me trouvais grand avec lui, et l'idée que l'ennemi pourrait fouler d'un pied victorieux le sol de la patrie me jetait dans des transports d'indignation. Je me sentais disposé à courir aux armes...

Je restai cependant ; bien des Français restèrent aussi, et l'étranger pénétra jusqu'au cœur de la France.

Oh ! qui pourra jamais toucher à cette page de notre histoire sans frémir de colère ou pleurer d'indignation !...

J'ai vu l'un de ces vieux soldats qui rentraient dans leurs foyers rouges de honte et de désespoir au fond du cœur, expirer de douleur sur un grand chemin en entendant les chants de triomphe inspirés aux royalistes par nos malheurs. J'ai su que cinq autres, au bruit de ces chants impies, proférés par des centaines de voix, s'étaient précipités, armés de simples bâtons, sur les insulteurs de notre gloire et avaient mieux aimé périr écrasés par la multitude que de vivre dans une patrie avilie.

Quoique bien loin déjà de ces évènements, le cœur me bat encore avec violence à leur seul souvenir et je donnerais la moitié de mon sang pour les effacer de la mémoire des hommes.

C'était peu de temps avant l'Ordination que ces affligeantes nouvelles nous parvinrent au séminaire, et je puis dire que j'écartai avec mépris, de mes lèvres, la coupe de vin de faveur qu'on nous donna à cette occasion pour célébrer la délivrance de la France !

— Comment, mon Dieu ! seraient-ils Français ceux que j'ai vu boire à la santé d'Alexandre et de Wellington.

Je dépose ma plume, je laisse, avant de continuer, se calmer un cœur que les années auraient dû refroidir. Ce n'est plus que de moi que je vais parler, de moi qui n'eus que des larmes stériles à répandre pour le salut de la patrie.

. . . .

Le supérieur m'annonça un matin que je devais me tenir prêt à recevoir la prêtrise dans trois jours. J'en fus ravi : la société de mes camarades m'était devenue odieuse depuis que je les avais vus boire avec acclamation à la santé de nos vainqueurs. Néanmoins la nouvelle que me donnait le supérieur m'agitait singulièrement et j'obtins la permission d'aller trouver mon vieil ami.

Je pleurais à chaudes larmes et je me livrais à des extravagances que lui seul pouvait excuser. Lorsqu'il me vit en état de l'entendre, il me demanda sans détours et sans préambule quelle était ma façon de penser à l'égard de la religion, et comment mon âme était préparée à recevoir le lien qui allait achever de m'engager. Ma réponse fut courte.

— Je vous avoue, lui dis-je, que je ne me suis jamais attaché à réfléchir sur ce sujet. J'ai vu bien des abus, mais je ne les ai jamais confondus avec la religion, pas plus que je n'ai confondu le prêtre avec Dieu et les rites avec la croyance. Je suis arrivé jusqu'à ce jour sans écouter, sans combattre non plus les doutes qui de temps en temps m'ont assailli ; aussi n'ai-je rien de net, de positif à vous répondre.

Mon vieil ami me regarda en souriant.

— Vous êtes, me dit-il, dans le cas de bien des gens : seulement, vous avez de plus qu'eux la franchise de convenir de votre incertitude, au lieu de vous prononcer sans examen. Eh bien ! permettez-moi de vous rendre le service que j'aurais demandé à mon père si je me fusse trouvé dans la même situation que vous. Ecoutez-moi avec d'autant plus de confiance, que je ne vous demande pas d'adopter mes sentiments personnels. Je vais vous parler le langage de la bonne foi et de l'amitié, en vue de votre bonheur, et non pas, grâce au ciel, dans le but de discuter pour faire prévaloir telle ou telle opinion philosophique.

Je ne puis ni ne veux répéter tous les bons avis de mon sage conseiller. S'ils eussent toujours été présents à ma pensée, j'aurais été meilleur ; mais j'ai la conscience de n'avoir jamais complètement perdu de vue, au moins dans ses principales dispositions, la ligne de conduite qu'il m'avait tracée.

— Vous allez être prêtre, me dit-il, et comme tel vous aurez à prêcher la religion et à la recommander par votre conduite. Cette religion est établie ; elle a des ministres et des temples, vous êtes vous-même un de ses membres ; ce n'est pas à vous qu'il appartient d'examiner si elle vient de Dieu ou des hommes. Comment! vous, chargé de la défendre, de la propager, vous viendriez du haut de la chaire la combattre! vous que le gouvernement paiera, nourrira, entretiendra parce que vous êtes prêtre, vous oseriez, par votre conduite, déverser le mépris sur un corps dont vous serez solidaire! vous diriez aux hommes qui vous écoutent : « Ceux qui portent le même habit que moi vous trompent et vous abusent! » Voilà pourtant ce qui arriverait si vous scrutiez la religion dans laquelle vous êtes né et que votre incertitude actuelle fît place à l'incrédulité : vous ne pourriez plus exercer votre ministère sans étouffer le cri de votre conscience et sans devenir un vil hypocrite. Rappelez-vous ceci : un prêtre croyant est toujours estimable ; fanatique, il est à plaindre et à redouter ; incrédule, c'est un monstre digne de tous les mépris. Soyez donc simple de cœur ; attachez-vous à ce que vous trouverez de bon et faites-le tourner au profit de ceux que vous aurez à conduire ; rejetez tout ce qui pourrait nuire ou scandaliser. Votre conduite doit reposer sur un petit nombre de principes incontestables : contribuer au bien général sans léser l'intérêt particulier ; rechercher le bonheur plutôt dans la stricte observance de vos devoirs et dans la modération que dans les idées ambitieuses et les passions désordonnées. N'oubliez pas que vous êtes prêtre, et rien de plus, dans le temple, dans la société, et particulièrement au confessionnal. Préservez-vous surtout de ces fumées d'orgueil qui exaltent le cerveau des jeunes paysans devenus ecclésiastiques et qui les rendent insupportables et odieux. — C'est une magnifique prérogative que de parler au peuple du haut d'une chaire, sachez en user dignement et selon votre conscience. — L'infortune vous dévoilera ses chagrins et ses peines, refoulés au fond du cœur par la honte ou la crainte; sachez la consoler : n'êtes-vous pas le ministre de celui qui a dit : « Heureux ceux qui pleurent, parce qu'ils seront consolés ! » Vous aurez aussi à combattre l'orgueil, l'avarice, la vengeance, les vices innombrables qui souillent l'âme humaine : c'est en ces occasions que la parole puissante de la religion a le droit de se faire entendre dans toute sa force et sa sévérité ; c'est alors que vous deviendrez sérieusement utile et que vous rendrez en services à la société ce qu'elle vous donne en argent et en considération. — Que votre bouche parle le pur langage d'une morale dégagée du fatras des obscurités emphatiques, afin de la mettre à la portée des simples et des ignorants : ce sont ceux-là précisément que vous avez mission d'éclairer. — Vous n'avez ni femme ni enfants à nourrir; l'État et la société ne vous doivent que le nécessaire ; le reste appartient aux malheureux.

Mais à quoi bon vous dicter un devoir que votre âme vous inspire? vous savez déjà la jouissance attachée ici-bas à une bonne action.

Mon vieil ami ajouta bien d'autres conseils que ma mémoire a recueillis, mais que ma plume reproduirait mal. Je me reproche déjà d'avoir si mal rendu cette morale évangélique dont il m'enseignait les saintes lois.

Je le quittai pénétré de respect et de reconnaissance, et le cœur allégé d'un pesant fardeau.

Le lendemain, je passai ma journée en retraite, en compagnie devrait-on dire, car, du matin au soir, on se trouve réuni avec les autres abbés, soit pour se livrer à des exercices de piété, soit pour écouter des sermons. Le discours de la veille fut bien plutôt le sujet de mes méditations que ce que je lus ou que ce que j'entendis. Enfin, le grand jour arriva. Toutes les têtes étaient en l'air au séminaire, et tous les visages affectaient un air de réflexion ou de pieux recueillement : l'hypocrisie du maintien est en permanence dans ce saint lieu et semble une qualité essentielle de ses habitants.

Je fus ordonné prêtre sans éprouver d'émotion, avec cette indifférence apathique à laquelle conduit une excessive résignation. Le croirait-on? Lorsque je vis les traits des abbés qui, comme moi, venaient d'être élevés au rang d'ecclésiastiques trahir leur joie en dépit de leur extérieur réservé, je me retirai dans un coin solitaire et, fondant en pleurs, j'élevai ma pensée vers Marguerite.

— Le sacrifice qu'elle a exigé de moi est consommé, murmurai-je : j'ai été digne d'elle.

Je baisai ses cheveux que je portais toujours sur mon cœur et je lui adressai un solennel adieu. Les sanglots me suffoquaient ; je me sentais si triste et si malheureux que la mort m'apparaissait comme l'unique terme de ma douleur. Mes larmes me soulagèrent un moment; je remis dans mon sein le seul gage qui me restât de la tendresse de mon amie ; j'essuyai mes yeux humides et je me promenai à grands pas pour secouer le voile de tristesse qui enveloppait mon âme. Je n'y pus réussir. Le supérieur s'aperçut de mon trouble et m'en demanda la cause.

— Je garde là, lui dis-je en montrant ma poitrine, le souvenir du lieu de ma naissance; et malgré vos bontés pour moi, je pleure, comme les Hébreux sur les rives de l'Euphrate, les charmes de la patrie absente.

Il sourit, et, me serrant cordialement la main :

— Mon enfant, me répondit-il, il ne dépendra pas de moi que vous ne soyiez heureux.

Peu de jours après, il m'annonça, en effet, que j'étais nommé vicaire de M. Pointel, auquel son âge avancé et de nombreuses infirmités rendaient nécessaire un suppléant. Mon cœur bondit de joie, et, pour la première fois peut-être, je goûtai un plaisir sans mélange. Je courus annoncer la bonne nouvelle à mon vieil ami.

— J'espérais que vous nous resteriez, me dit-il ; mais je n'avais pas fait entrer en ligne de compte l'amour du sol natal. Votre satisfaction est toute naturelle ; mais je n'en regrette pas moins votre perte. Adieu, promettez-moi de revenir me visiter aussi souvent que vous le pourrez... et tant que je vivrai, ajouta-t-il tout bas.

Je pris cet engagement avec l'espérance de le tenir pendant bien des années encore, et nous nous séparâmes profondément émus tous les deux.

Mon petit bagage était prêt, et je me mis en route pour Rennes. Quelques retards prolongèrent mon voyage; enfin, après huit jours de marche, je me présentai devant mon ancien supérieur, qui me reçut le mieux du monde. Mais j'avais hâte de revoir mon village, mes premiers bienfaiteurs, et je pris aussitôt que je le pus le chemin du presbytère qu'habitaient Yvonne et M. Pointel.

VI

M. Pointel me reçut avec une joie inexprimable. Il me regardait comme son ouvrage, et ce sentiment tient, dans l'âme de ceux qui ne peuvent connaître les douceurs de la famille, la place de l'amour paternel. Yvonne, qui avait peut-être de meilleures raisons que le recteur de penser qu'elle m'avait fait ce que j'étais, Yvonne sentit redoubler son affection pour moi; mon oncle et ma tante, tout fiers de posséder un neveu placé si haut sur l'échelle sociale, levèrent la tête et gagnèrent considérablement dans l'estime de leurs voisins. C'est qu'un prêtre est un personnage fort important au fond de la Bretagne.

Mon patron se sentait vieux et voulait se reposer ; je devins curé de fait, et j'étais, en réalité, beaucoup plus le maître de la maison que son véritable propriétaire. Yvonne se tournait vers le soleil levant ; mais elle ne cessa pas de rester l'humble servante de l'astre qui déclinait à l'horizon. Elle avait de la politique, et si elle eût porté culottes et payé le cens d'éligibilité, elle aurait bien su à qui donner sa boule au parlement. Plaisanterie à part, c'était une excellente créature dont le dévouement se partageait entre son vieux maître et le jeune vicaire avec un égal désintéressement.

Une fois installé, je pris à tâche de remplir mes devoirs de prêtre en homme consciencieux et zélé. Je prêchais tous les dimanches ; mais au lieu de débiter aux paroissiens de vaines paroles, j'essayais de choisir des points de morale à la portée de mon auditoire ; je développais les textes de l'Évangile simplement, sans déclamation et sans emphase, sous la forme d'un entretien. Pour frapper l'esprit des paysans, je me servais de comparaisons qui leur étaient familières, et je les appliquais aux exemples de la vie commune.

Ma réputation de prédicateur, — que l'on me pardonne cette expression bien ambitieuse pour un si mince objet, — ma réputation s'étendit, et je vis la foule des campagnards bretons se presser le dimanche aux portes de l'église. Mon amour-propre fut agréablement flatté ; je sentais que j'avais trouvé le moyen d'attirer l'attention ; je redoublai de zèle dans mes prédications morales, et le succès dépassa mes espérances.

Les curés voisins ne trouvèrent pas leur compte à mon humble triomphe. Piqués de la désertion de leurs paroissiens, ils formèrent une petite ligue contre moi. Peu à peu, le bruit se répandit que je cherchais à accoutumer les habitants de la campagne aux rites de la religion réformée, et que j'abandonnais les errements des anciens du clergé. Les paysans voulurent savoir ce que c'était que « le culte des « protestants, » et ils affluèrent davantage à mes entretiens. Mes envieux déçus changèrent de batteries. Tous ceux qui avaient imprudemment assisté à mes sermons reçurent de vertes réprimandes au tribunal de la pénitence, Défense leur fut faite de continuer d'y venir, et on leur déclara qu'ils ne recevraient l'absolution qu'après avoir expié leurs fautes en fréquentant régulièrement, dimanches et fêtes, l'église paroissiale, et en écoutant avec dévotion les prônes et les homélies de leurs pasteurs respectifs. Pour bien des gens, ç'aurait été une rigoureuse pénitence : mais le paysan, qui bâille d'ordinaire au sermon parce qu'il ne le comprend pas, en fut quitte pour reprendre ses vieilles habitudes.

Cependant, la cabale se montra si active que M. Pointel me pria de renoncer à la chaire ou de prêcher dans le goût de mes confrères. Il est moins dur de se taire que de débiter des platitudes à un auditoire ennuyé; je me tus, mais je ne parvins pas pour cela à calmer la jalousie. Les calomnies dont le bon sens des paysans avait fait justice, prirent la route de l'évêché, appuyées du témoignage de tous les curés des environs. Monseigneur manda le vicaire Daniel, et, sans lui permettre d'ouvrir la bouche pour se justifier, il lui intima l'ordre d'être plus réservé à l'avenir, et de cesser de « dogmatiser. »

Pour couronner l'œuvre, on m'envoya dans

une autre paroisse sous la surveillance d'un curé qui ne pouvait vivre avec ses vicaires et en changeait tous les ans. Cette disgrâce me causa un vif chagrin. Le bon M. Pointel essaya de me consoler. Yvonne pleura, maudit les hypocrites et me conseilla de feindre une maladie pour donner le temps à M. Pointel, endoctriné par elle, d'accommoder mon affaire. Je ne cédai pas à son avis, et je me rendis à ma nouvelle destination à l'époque précise qui m'avait été indiquée par mes supérieurs.

En arrivant au bourg de....., je trouvai, à mon grand étonnement, les habitants réunis en groupes nombreux, et paraissant fort animés. Lorsque je demandai le presbytère, on me répondit avec grossièreté :

— Cherchez-le si vous voulez.

Cependant une vieille femme consentit à m'y conduire, et j'y entrai au moment où plusieurs personnes sortaient en murmurant.

L'une d'elles était décorée de l'écharpe municipale.

Une jeune domestique m'annonça à M. le curé, et je l'entendis s'écrier :

— Je ne peux pas le recevoir dans ce moment-ci; il n'a qu'à attendre une couple d'heures.....

Puis, presque aussitôt, il me fit dire de monter. Je trouvai un homme de moyenne taille, de trente-six à quarante ans, au ventre déjà proéminent, au teint coloré et aux yeux ardents; ses traits manquaient de distinction, et sa voix dure et sèche achevait de le rendre peu sympathique.

— Vous arrivez fort à propos, me dit-il, pour être témoin des attaques que les ennemis de la religion ne se lassent pas de diriger contre elle. Un impie vient de se tuer en tombant de cheval, juste punition de Dieu, fatigué de ses débordements, et la canaille du bourg voudrait que je l'enterrasse avec les honneurs d'une religion qu'il a dédaignée pendant sa vie ! Jamais je n'y consentirai ; je souffrirais plutôt le martyre... Et comment trouvez-vous ce petit maire de campagne qui s'en vient avec son écharpe me rappeler qu'on a enlevé l'état civil au clergé, et me faire des représentations à propos du scandale que mon obstination va causer... Non, non, les chiens doivent être jetés à la rivière, et les chrétiens qui fréquentent les sacrements ont seuls le droit d'être ensevelis en terre sainte.

Il m'en aurait dit bien davantage s'il n'eût été distrait par le mouvement que je fis pour prendre une chaise, car il avait oublié de m'en offrir une, et j'étais fatigué de rester debout.

— Mais, mon cher abbé, reprit-il en affectant un ton bienveillant qui contrastait d'une manière choquante avec l'expression de son visage, mon cher abbé, vous devez avoir besoin de vous rafraîchir, de prendre quelque chose. Vous couchez ici aujourd'hui; demain, nous verrons à vous arranger définitivement.

Il sonna avec violence, et la domestique reçut l'ordre de me servir à manger. M. le curé s'excusa de ne pas me tenir compagnie : il était trop agité pour se mettre à table, et avait besoin de se recueillir.

Tandis que je mangeais de très bon appétit, la jeune servante ne me quittait pas des yeux et se montrait attentive à me rendre mille petits soins. Elle se hasarda à entamer la conversation et m'apprit que la personne qui s'était tuée en tombant de cheval était l'un des notables du pays, un père de famille qui faisait beaucoup de bien aux pauvres.

— Mais, lui dis-je, il paraît qu'il n'allait jamais à l'église et qu'il ne menait pas une conduite chrétienne?

— Il était commerçant, me répondit-elle, et

continuellement en route. Je n'ai jamais entendu dire qu'il eût une plus mauvaise conduite qu'un autre. Il sera bien pleuré des pauvres gens à qui il donnait une partie de ses profits.

— Il est étonnant, repris-je, que M. le curé ne prenne pas toutes ces circonstances en considération et qu'il ne se rende pas aux vœux de toute la commune.

— Oh ! s'écria la servante, n'allez pas lui parler de cette manière, Monsieur l'abbé, ou bien vous ne resteriez pas plus longtemps ici que l'autre.

Alors elle me raconta que le vicaire que je remplaçais avait perdu les bonnes grâces du curé parce qu'il avait osé lui représenter qu'il se mettait mal avec tout le monde en voulant être maire, adjoint et curé en même temps. Le curé n'avait pas voulu continuer de le loger au presbytère. Le jeune ecclésiastique avait pris une pension dans le bourg, et le curé lui avait fait quitter le pays en l'accusant de passer son temps en compagnie des demoiselles, à jouer aux cartes.

— Tout le monde ici, ajouta-t-elle, l'a vu partir avec chagrin, et il avait pour ami intime celui que le curé refuse d'enterrer aujourd'hui. De fait, ce jeune vicaire était bien avenant : je l'ai bien regretté en mon particulier ; il était mon directeur de conscience, et j'en étais fort contente.

Tandis que la jeune fille s'étendait en éloges sur le compte de son précédent confesseur, auquel elle finit par trouver que je ressemblais un peu, je réfléchissais à ma nouvelle position, et je sentis que si je ne m'observais pas soigneusement vis-à-vis du patron, j'aurais bientôt un point de ressemblance de plus avec mon prédécesseur, c'est-à-dire qu'il me faudrait quitter la commune très vite. Le langage de la domestique me prouvait qu'un jeune vicaire, au milieu de toutes les difficultés qui m'étaient déjà connues, avait dans la jalousie de son curé un écueil de plus à éviter.

Il était tard. Je me retirai dans mon appartement; mais il me fut impossible de dormir : on faisait un vacarme épouvantable sous ma fenêtre. Je l'ouvris pour savoir ce dont il s'agissait, et j'aperçus une troupe d'enfants armés de pincettes, de poêles et d'instruments bruyants qui se promenaient devant le presbytère en mêlant leurs chants confus au bruit de leurs ustensiles. A cinquante pas de là, je vis une foule plus nombreuse qui entourait la porte de l'église en silence. Peu après, d'autres hommes arrivèrent portant un cercueil sur leurs épaules. Ils entrèrent dans l'église et y restèrent plus d'une heure. Pendant ce temps-là, les enfants ne cessaient de crier dans la rue et de faire tapage.

On frappa à ma porte. La servante venait me prier de descendre pour tâcher de calmer le curé, qui voulait sortir et assommer les petits polissons. J'accourus en toute hâte et je trouvai le curé hors de lui. Il maudissait le maire, le peuple et la révolution, qu'il rendait responsables des effets de sa propre intolérance ; jamais nous ne serions parvenus à l'apaiser si le bruit n'eût enfin cessé.

Il me retint le reste de la soirée pour écrire sous sa dictée une dénonciation furibonde contre le maire, le conseil municipal, les gendarmes et les habitants, qui étaient tous des impies et des bonapartistes. Le procureur du roi de F... reçut cette pièce étrange, mais le maire et les autres personnes dénoncées n'en entendirent pas parler et ignorèrent le charitable service que leur avait rendu leur pasteur.

Le lendemain, j'appris de ma nouvelle connaissance, la petite domestique, que le charivari de la veille n'avait d'autre but que de distraire l'attention du curé pendant que les amis du défunt le portaient à l'église et lui rendaient autant qu'il était en eux les derniers devoirs refusés par le recteur.

— Ils craignaient, ajouta-t-elle, qu'il n'allât les troubler et ne fît quelque scène dans l'église.

Lorsque j'abordai le curé, je lui trouvai l'air si terriblement contrarié que je craignis quelque désagréable algarade. Je me trompais : il me reçut à merveille. Nous déjeûnâmes en causant de choses indifférentes, et il m'avoua qu'il aurait pour agréable que j'établisse mon domicile au presbytère.

Après le déjeûner, je me retirai dans le jardin pour y lire mon bréviaire. Un instant après, le curé arriva à son tour, accompagné d'un petit gros homme vêtu de noir. Ils passèrent auprès de moi. Je jetai les yeux sur le petit homme noir. Ses gestes étaient apprêtés, son regard faux, et j'éprouvai à son aspect une impression désagréable et un sentiment involontaire de dégoût.

Le petit homme noir se promena longtemps avec le curé; il semblait lui faire un long récit, pendant lequel mon patron trépigna et laissa échapper plus d'une fois des exclamations de colère. J'étais rentré avant qu'ils se fussent séparés, et la servante m'apprit que l'homme noir était le notaire du lieu.

— Un vrai serpent pour la méchanceté, monsieur l'abbé, me dit-elle, et le seul ami du curé. L'autre vicaire me disait que c'était lui qui poussait notre recteur; il lui a déjà fait dénoncer le percepteur, dont il veut la place pour son frère. Il reste derrière le rideau et au besoin il va complimenter ceux qu'il abîme tout bas. Je suis sûre qu'il raconte l'histoire d'hier soir, et que ce sont ses ennemis qui porteront la peine de ce qui s'est passé.

Elle ne se trompait pas. Le curé revint furieux et il dirigea une nouvelle dénonciation contre plusieurs fonctionnaires; mais celle-ci n'alla pas chez le procureur du roi. Je n'ai pas la certitude qu'elle fût adressée à l'évêque, car le recteur me cacha soigneusement l'adresse, mais j'ai de fortes raisons de le penser.

Toujours est-il que bientôt, le maire fut destitué, les deux adjoints furent remplacés et une partie du conseil municipal renouvelée. Le frère du petit homme noir devint percepteur, l'un de ses parents prit la place du maire et ses proches entrèrent au conseil municipal. On m'a affirmé depuis, qu'au moment de la débâcle de 1815, ces braves royalistes surent mettre à profit leur position, et firent tous d'excellentes affaires dans les charrois militaires, les réquisitions de chevaux, etc., etc.

Je crus sage de ne pas m'attirer la haine de mon patron, et je pris le parti de me laisser conduire par lui, ou plutôt d'en avoir l'air. Lorsque les fonctionnaires qu'il avait désignés pour remplacer les anciens furent installés, il me permit quelques visites, en me désignant les personnes que je devais voir. Il accompagna ses conseils d'un portrait de chaque individu, et la peinture était telle que, si je l'eusse cru sur parole, je n'aurais osé me lier avec qui que ce fût.

Je m'abstins aussi de monter en chaire, laissant le champ libre au curé, qui en profitait pour débiter des sermons semi-religieux, semi-politiques, dont les auditeurs se moquaient volontiers. Il n'en continuait pas moins à gronder, à s'emporter, à tonner, à jeter tous les dimanches ses paroissiens en enfer, ainsi que le méritaient des enfants de la révolution.

Les circonstances étaient, il est vrai, favorables au clergé; le recteur le sentait, et il abusait de cette situation d'une manière insupportable. Le nouveau maire n'agissait que sous son impulsion; les délibérations du conseil municipal lui étaient soumises, et ne devenaient définitives qu'après qu'il les avait approuvées. C'était lui qui délivrait les certificats qui rentraient dans les attributions du maire; en un mot l'administration civile passa tout entière au presbytère. Entre mille traits que je pourrais rapporter, un seul suffira pour donner une idée de la façon dont mon patron exerçait l'autorité.

Un cabaretier s'était attiré sa haine en tournant, disait-on, ses sermons en ridicule, et il attendait impatiemment une occasion de se venger. Un dimanche, on l'avertit, pendant la grand'messe que je disais ce jour-là, que son ennemi avait reçu chez lui quelqu'un à qui il donnait à boire. Le curé sort du chœur brusquement sans se dépouiller de ses habits sacerdotaux, traverse la place publique, et entre chez le cabaretier, surpris d'une visite aussi inattendue. Sans proférer une seule parole, le recteur saisit la bouteille et le verre placés devant un militaire qui se trouvait seul dans le cabaret et les jette à terre avec fureur. Le cabaretier veut l'arrêter; mais le curé le saisit au collet, et, appelant au secours, il ordonne au garde-champêtre qui venait d'accourir de conduire l'audacieux en prison. Le garde-champêtre hasarde une observation.

— Vous serez destitué, s'écrie le curé; et, se tournant vers le soldat: suivez-moi, ajoute-t-il d'un ton impérieux.

Le soldat sortait des chasseurs de la jeune garde. Il avait conservé un admirable sang-froid pendant toute la scène, et à peine s'était-il permis de sourire en voyant le prêtre empoigner son homme comme un gendarme. Mais à l'apostrophe du curé sa colère s'éveilla, et il fit un mouvement pour se lever; cependant il se laissa retomber sur son tabouret.

— Suivez-moi, je vous l'ordonne! répète le prêtre.

Alors l'ancien militaire, perdant patience, se dresse sur ses pieds, arrache au garde-champêtre, qui ne résiste point, le cabaretier, va au curé, le prend dans ses bras comme un enfant, et le dépose dehors, au milieu de la foule attirée par le bruit; puis il rentre dans la maison, en ferme la porte et se fait servir une autre bouteille.

Par hasard, une voiture publique passait en ce moment; les voyageurs se mirent à rire aux éclats, et les habitants assemblés les imitèrent de grand cœur. Notre curé, aux abois, cherchait autour de lui où se cacher : ne trouvant pas de refuge, sa colère se ranima, et, s'élançant sur le siége du cocher, qui avait arrêté ses chevaux pour jouir à son aise du spectacle, il le prit au collet comme le cabaretier.

Il allait s'ensuivre une lutte dangereuse, lorsque l'automédon s'avise d'un expédient assez ingénieux pour se débarrasser sans coup férir de son singulier antagoniste. Il donne un coup de fouet à ses chevaux, l'équipage s'ébranle et part au galop, emportant le curé furieux. Le peuple sortait de la messe ; l'aventure se répand de bouche en bouche, et bientôt tout le monde court après la voiture, qui volait sur la grand'route aux acclamations des spectateurs.

Ce ne fut qu'au bas d'une côte et à plus d'un quart de lieue du bourg, que le cocher s'arrêta. Le curé avait eu le temps de se calmer : il s'élança à terre, et, sans répondre aux quolibets que les voyageurs lui adressaient en forme d'adieux, il revint en toute hâte, traversant les groupes de paysans muets à son approche, mais qui recommençaient leurs rires, un instant comprimés, avant même qu'il se trouvât assez éloigné pour ne plus les entendre.

Enfin, arrivé au presbytère, il se renferma dans sa chambre, et l'on ne put ni le voir ni lui parler du reste de la journée. Le lendemain, il avait une fièvre ardente, et le frater du bourg le soigna tant et si bien qu'il faillit en mourir. Le ciel veillait heureusement sur un si digne pasteur, et il conserva ses jours pour le bonheur de la paroisse.

Je ne raconterai pas tout ce que j'ai vu et entendu. Ceux de mes lecteurs qui ne vivaient pas à l'époque dont je parle, ou qui n'ont pas été en situation d'apprécier la conduite de la majorité des prêtres, m'accuseraient d'exagération, sinon de calomnie; et pourtant, quiconque a vécu dans ce temps-là, quiconque a pu juger les faits, sait que je suis dans le vrai.

On n'oubliera pas l'esprit de vertige qui s'était emparé du clergé au moment où il ne sentit plus peser sur lui la main de fer de Napoléon ; il se jeta sur le pouvoir avec l'avidité de gens affamés de domination, et presque partout il en abusa.

Je ne veux pas faire de profession de foi, mais je me dois de déclarer qu'en rapportant les choses telles qu'elles se sont passées, mon dessein n'est pas d'attaquer une religion pour laquelle je professe un respect sincère, et que l'on confond toujours mal à propos avec ses ministres. Mes relations d'ecclésiastique avec la société m'ont appris, au contraire, toute l'étendue de l'influence de la religion, et, par conséquent, tous les avantages qu'on en pourrait tirer si les passions humaines ne l'exploitaient pas à leur profit. Je le répète avec la conviction d'un cœur pieux et sincère, je regarde la religion comme le plus puissant moyen de perfectionnement social ; mais n'ai-je pas le droit de demander si nous autres prêtres nous comprenons toujours la grandeur de notre mission et si nous savons remplir les devoirs qu'elle nous impose? Faisons-nous tout le bien que nous pourrions faire ? N'abusons-nous jamais de la considération et de la confiance qui nous environnent, et avons-nous bien réellement pour but d'éclairer les âmes en contribuant au développement de l'intelligence et en secondant de tous nos efforts la marche de l'esprit humain ?

Je livre ces questions aux laïcs, sans savoir ce qu'ils répondront, mais je suis sûr d'avance de ce qu'en diront mes confrères, et mieux encore de ce qu'ils en pourront penser.

VII

Nous étions dans les premiers jours du mois de mars 1815, lorsque, malgré moi, il me fallut discuter, un matin, avec le petit homme noir, notaire du lieu.

Il voulait sonder mes dispositions envers le curé, désormais déconsidéré dans la paroisse, et je mis une trop grande chaleur, je le confesse, à repousser les tentatives insidieuses de mon provocateur. J'avais déjà ressenti plus d'une fois le contre-coup de la mauvaise humeur qu'avait donnée au recteur sa dernière aventure, et nous ne vivions plus sur le même pied qu'auparavant.

Le soir même, la petite servante m'avertit que le curé était rentré fort irrité contre moi, et, à son sens, mon entretien avec le notaire ne devait pas être étranger à ces méchantes dispositions de notre patron. Elle ne se trompait pas : avant le souper, le curé me fit une scène si violente, que je dus me retirer immédiatement chez moi, sans m'asseoir à sa table. Le lendemain, il affecta de m'éviter, et, le jour suivant, on me remit de sa part une lettre ouverte qui m'enjoignait de me rendre à *** pour remplacer le vicaire envoyé dans une autre paroisse.

Cette nouvelle me fut plus agréable qu'à la pauvre petite servante : elle se mit à pleurer et à se plaindre de ce que tous les vicaires qui paraissaient doux et bons étaient obligés de quitter aussitôt la commune.

Mes adieux furent courts, et le curé me sembla piqué de la joie que me causait mon changement : il eût voulu jouir de ma douleur.

Mon nouveau patron était un petit vieillard fort âgé. Il jouissait du calme de l'âme et des sens, et nul ne méritait plus que lui l'estime et la vénération de ses paroissiens. Dépourvu d'ambition, il n'avait jamais quitté sa modeste cure, et un vicaire pour l'aider dans la mauvaise saison, parce que les chemins étaient impraticables et qu'il ne pouvait monter à cheval à cause de son grand âge, telle était la seule faveur qu'il eût jamais sollicitée.

Le mérite qui ne sait pas se mettre en évidence ne sert à rien pour parvenir, ai-je entendu dire? Mon vieux curé en était la preuve. Il avait toutes les vertus de son état, il possédait toutes les connaissances qui constituent un ecclésiastique distingué; cependant, après quarante-deux ans d'exercice, il se trouvait encore l'humble desservant d'une petite paroisse. tandis que son curé de canton n'était rien de plus qu'un très jeune prêtre ignorant et vaniteux.

Je dois ajouter que je n'entendis jamais le bon vieillard se plaindre de l'injustice de ses supérieurs ; il paraissait content de son sort ; il est vrai qu'il lui fallait peu, et partout où il aurait pu élever son âme à Dieu par la prière et la méditation, faire du bien et trouver du pain et de l'eau pour sa nourriture, il se serait estimé heureux. Ame vraiment évangélique qui gagnait par sa douce bienveillance les cœurs de tous ceux qui l'approchaient.

Ce n'est que longtemps après l'avoir quitté que j'ai su qu'il avait prêté le serment exigé des prêtres pendant la révolution et qu'il avait sauvé, à cette époque, un grand nombre de ses confrères poursuivis pour avoir refusé de se soumettre à la loi.

Il y avait dans la paroisse un vieux château habité par une noble famille dont le chef était rentré avec les Bourbons. Le curé, qui y était bien reçu, m'y conduisit, et je trouvai une agréable distraction dans la société de l'instituteur des enfants de M. de V... Lui aussi avait eu à supporter bien des tracasseries de la part d'un clergé impitoyable pour tous ceux qui jettent le froc aux orties!

Deux jeunes gens isolés se lient vite; en très peu de temps nous devînmes fort bons amis. Un jour j'allais le trouver au château lorsque je l'aperçus dans l'avenue. Il venait au-devant de moi et marchait en homme pressé.

— Je me rendais au presbytère, me dit-il en s'approchant de moi, pour annoncer au curé que Bonaparte a débarqué en France. Nous venons d'en recevoir la nouvelle au château, et M. de V... désire avoir le plus tôt possible un entretien avec votre patron; mais je doute qu'il atteigne le but qu'il se propose. Du reste, je puis bien vous confier ce dont il s'agit, puisque vous devez être de la partie.

Là-dessus il me raconta que l'honnête gentilhomme voulait prier le curé de prêcher les paysans pour leur rappeler la guerre terrible qu'ils avaient faite aux destructeurs impies du trône et de l'autel. Le temps était revenu de recommencer la sainte croisade et de combattre encore pour le ciel.

— Les paysans, ajouta le jeune percepteur, seront ensuite divisés en compagnies, commandées par d'anciens chefs de chouans, sous les ordres de M. V..., général en chef. Le curé, vu son grand âge, restera au presbytère pour entretenir l'enthousiasme, et vous, me dit-il, vous suivrez l'état-major en qualité d'aumônier. Pour moi, je séjournerai jusqu'à nouvel ordre au château, notre quartier-général, et je serai chargé de la correspondance et des menus détails.

Il s'arrêta en cet endroit ne pouvant plus contenir ses éclats de rire.

— Ne croyez pas au moins que je plaisante, reprit-il : tout cela est du sérieux s'il en fût jamais. Déjà les domestiques de la maison sont partis en estafettes pour porter les résolutions de notre général en chef à la noblesse du pays, et lui communiquer son énergie si faire se peut... Au bout de quelques jours d'exercice, M. de V... compte se mettre en campagne et marcher au-devant de l'usurpateur. Il brûle de se mesurer avec lui et de prouver qu'un vieux capitaine de l'armée de Condé peut attaquer et saura vaincre le héros d'Austerlitz. Mais notre brave commandant est tourmenté de la crainte d'arriver trop tard et d'être devancé par quelque preux mieux placé que lui pour atteindre immédiatement l'empereur.

A ces mots, il recommença à rire de si bon cœur que je ne pus m'empêcher de partager son hilarité.

— M. le vicomte, me dit encore mon ami, a fait nettoyer son vieil uniforme, fourbir ses armes, et il porte toutes ses décorations. Lorsque je l'ai quitté, il consultait la carte pour voir quel était le plus court chemin du château à Antibes. Ce n'est pas sans une horrible grimace qu'il s'est aperçu que les Gascons en étaient bien plus près que lui... Je me suis hâté de sortir, dans la crainte que mes yeux ne trahissent mon indiscrète gaîté... Nos dames n'ont pas échappé à l'influence belliqueuse, et je crois qu'en ce moment elles brodent l'étendard qui doit guider le ban et l'arrière-ban des vassaux de Monseigneur. Mes élèves, au lieu d'étudier, galoppent dans les salons, à cheval sur les cannes de leur grand-père ; enfin tout le monde a la tête à l'envers... Mais, venez, je ne saurais trop me hâter d'aller remplir mon message pour me rendre digne par mon zèle d'être employé au quartier-général.

Je retournai au presbytère, et il communiqua au curé les projets du vicomte de V... Le vieillard resta silencieux un instant ; puis, me regardant avec ce calme qui ne se démentait jamais, il me demanda si je consentais à coopérer à l'œuvre proposée.

Je lui répondis que mes devoirs de prêtre se bornaient, à mon sens, à desservir une église, à dire la messe, à administrer les sacrements, en y ajoutant la prédication et l'exercice des bonnes œuvres, et que s'il y avait encore d'autres devoirs à remplir, je le priais de m'éclairer de son expérience, à laquelle je me soumettais aveuglément.

Il me serra affectueusement la main, et, se tournant vers mon ami :

— Veuillez rappeler à M. le vicomte, lui dit-il, que depuis plus de quarante ans je n'ai prêché que la paix et la concorde à mes paroissiens, même dans les jours les plus difficiles de la révolution. Il ne doit pas avoir oublié les paroles que je prononçai au milieu des baïonnettes des bleus lorsqu'ils se préparaient à le fusiller avec sa famille. Ce n'est pas au terme de ma carrière que j'oublierai l'esprit de l'Evangile, cette règle de mes devoirs et de mes actions.

— Je m'attendais à cette réponse, me dit le précepteur en se retirant; mais le vicomte ne l'a certainement pas prévue, et il sera fort embarrassé : comment, sans le concours du curé, former le noyau du corps d'armée destiné à réduire l'ogre de Corse? Quant à vous, mon ami, demeurez tranquille, si vous le pouvez, ne vous mêlez pas des affaires de ceux qui ne travaillent qu'à leur profit et qui croient vous faire beaucoup d'honneur en vous demandant le sacrifice de votre temps et peut-être de votre vie.

La journée se passa sans que nous entendissions parler du vicomte. Mais les bruits les plus extravagants se répandirent au sujet du retour de Bonaparte. Toute la campagne était en émoi. Les paysans se disaient à l'oreille que l'empereur revenait avec deux cent mille nègres ; d'autres, avec une armée de Turcs ; les plus raisonnables affirmaient que pendant qu'Alexandre s'amusait à Paris, Bonaparte avait conquis la Russie et revenait avec une armée russe reprendre la couronne impériale.

Les anciens chefs des chouans se rassemblèrent ; les vieux soldats de la république et de l'empire furent insultés et durent se réunir à leur tour pour repousser la violence.

Notre petite commune perdit son aspect paisible et ne compta plus pour habitants que des ennemis prêts à en venir aux mains.

Il y eut un conciliabule au château : de nombreux émissaires allaient et venaient et parcouraient les campagnes à plusieurs lieues à la ronde. Cette agitation, ces préparatifs me donnaient lieu de craindre de sérieux malheurs, car j'habitais précisément le foyer de la chouannerie, et ce pays avait, en plus d'une occasion, servi de champ de bataille aux malheureux Français armés les uns contre les autres pendant nos guerres civiles.

Qu'allait-il se passer? Je ne pouvais le deviner ; mais je sentais que les hommes de conciliation et de paix avaient tout à redouter.

Le lendemain, lorsque j'allai dire ma messe, l'église, contre la coutume, était pleine, et je remarquai en revenant au presbytère un mouvement extraordinaire dans le village.

— Napoléon est à Paris, me dit un vieux militaire rayonnant de joie. Hier, j'étais à F.... quand la nouvelle a été publiée à neuf heures du soir, par ordre des autorités et au son du tambour. La France redevient française, vive l'empereur ! mort aux étrangers....

A deux pas de là, un vieillard encore vert m'aborda et me dit en baissant la voix :

— Ah ! monsieur l'abbé, qu'allons-nous devenir ? Buonaparte est à Paris et va renverser le trône et les autels....

Il me regarda ensuite d'un air consterné et entra dans une maison voisine.

Je vis courir une troupe d'enfants avec un mouchoir rouge au bout d'un bâton ; ils criaient *Vive l'Empereur !*

Un instant après, une autre troupe, appuyée de quelques hommes couverts de peaux de chèvres, courut aussi avec un mouchoir blanc en guise de drapeau et en criant : *Vive le roi ! à bas les pateaux !* (les patriotes).

Les deux troupes s'étant rencontrées, s'examinèrent un moment, puis elles en vinrent aux mains et se battirent avec tout ce qu'elles trouvèrent à leur portée ; les pierres volaient de toute part. Bientôt les parents des enfants se mêlèrent de la querelle, et la lutte allait devenir très sérieuse, lorsque le vieux curé, averti, parut tout à coup ; bravant les pierres et les bourrades, il vint se jeter au milieu des combattants qu'il harangua avec une voix dont je ne soupçonnais pas encore la force et l'énergie. Ses paroles, et surtout le respect qui l'environnait, produisirent un effet immédiat : on se sépara de part et d'autre, on s'esquiva sans bruit, et en cinq minutes, le curé demeura maître du champ de bataille.

J'étais venu le rejoindre.

— Voilà de sinistres préludes, me dit-il d'un air affligé, on ne peut pas séparer les gens qui se battent à coups de fusil comme des enfants qui se jettent des cailloux, et nous aurons peut-être bientôt sous les yeux un triste spectacle. Mais, nous remplirons notre devoir ; et, quoi qu'en dise le vicomte, la place d'un curé est plutôt là où il peut calmer les haines et la fureur, que dans une chaire du haut de laquelle il ferait tomber des paroles de discorde et de guerre.

Il y avait à peu près deux heures que nous étions rentrés, lorsque nous apprîmes officiellement que l'empereur était arrivé à Paris, et que le règne des Bourbons avait cessé ; le maire était invité à arborer le drapeau tricolore, et il faisait part de cet ordre au curé. Celui-ci ne se permit aucune réflexion, et s'adressant à moi, il me dit simplement :

— Il y a bien des années que j'ai appris à me résigner aux décrets de la Providence.

Pour moi, je ne savais si je devais me réjouir ou pleurer. Je n'avais pas d'opinions politiques, à proprement parler ; seulement, ce que j'avais vu, — et c'était bien peu, — me suffisait pour préférer le despotisme de l'Empereur à l'esprit de domination et de vengeance qui animait alors la faction royaliste.

Le drapeau tricolore flottait, à trois heures de l'après-midi, sur le clocher et je vis de ma fenêtre un vieux soldat retraité s'essuyer les yeux en le regardant. Le bourg resta tranquille, et tout le monde semblait disposé au calme.

Dans la nuit, j'entendis plusieurs fois frapper à la porte du presbytère et entrer des gens à cheval.

Le matin, le curé me parut soucieux, et avoir perdu une partie de son calme inaltérable. Du reste, ce trouble ne dura pas longtemps. Je fus curieux d'en connaître la cause, et je la lui demandai.

— Voyez, me dit-il en me montrant le clocher, le drapeau d'hier n'y est plus et je n'en augure rien de bon pour la paix de ma paroisse.

En effet, le bâton qui servait à soutenir le drapeau sortait seul du clocher, et les trois couleurs ne brillaient plus au soleil. Un instant après arriva le maire ; il eut une longue conversation avec le curé, et ils convinrent d'avertir l'autorité supérieure de l'accident, mais sans attribuer la responsabilité de cet enlèvement aux royalistes. Constater, en un mot, le fait purement et simplement leur parut le plus sage parti.

Cependant des bandes de mécontents parcouraient les campagnes et s'emparaient de toutes les armes qu'ils découvraient. Le soir même, vingt-trois d'entre eux se montrèrent dans le bourg, n'insultèrent personne, et se retirèrent sans avoir donné de sujets de plaintes. Je les vis se diriger vers le château : ils marchaient en désordre, étaient mal vêtus, mal armés, et ressemblaient beaucoup plus à des brigands qu'à des soldats. Un ancien capitaine de chouans les conduisait : c'étaient, pour la plupart, des gens sans aveu, des déserteurs ou des conscrits réfractaires qui craignaient d'être rappelés sous les drapeaux.

Mon ami le précepteur vint me voir en retournant au château. Le vicomte l'avait envoyé à la ville voisine examiner la tournure que prenaient les choses.

— Notre général en chef, me dit-il, a de beaucoup réduit ses gigantesques projets depuis qu'il a appris que Napoléon est à Paris, et qu'on organise à F... une garde nationale pour contenir la campagne. Un de ses amis l'a averti qu'une compagnie de *fédérés* (volontaires qui avaient pris les armes dans l'intérêt du maintien de la tranquillité) voulaient lui faire une visite. L'alarme est au château. Le vicomte se proposait d'abord de le défendre ; mais il a jugé prudent de le confier à un homme d'affaires, et de se retirer dans l'intérieur du pays. Vous devez avoir chez vous deux de nos dames qui ont été envoyées la nuit dernière au presbytère. Au surplus, mon noble patron ne prend aucun repos : il écrit nuit et jour, il expédie des courriers à droite, à gauche, il en reçoit à chaque instant; aussi la maison ressemble-t-elle à une hôtellerie fréquentée. Il y a bien sur le tapis un projet de soulèvement général; mais il rencontre de nombreux obstacles. D'abord on ne compte guère sur la population campagnarde, prise en masse. La révolution l'a fatiguée et éclairée; cependant bon nombre de curés ont promis d'agir. Ensuite, et c'est la pierre d'achoppement, on ne s'entend pas sur le choix d'un chef : tous veulent l'être et personne cependant ne se soucie de se mettre en avant. On cherche un homme étourdi et résolu qui consente à tenir le drapeau tout en n'agissant qu'en sous-ordre et qui se charge de la responsabilité tout entière si le prisonnier de l'île d'Elbe parvient à s'affermir sur le trône dont il vient de se rendre une seconde fois le maître.

Personne ne prévoyait ce coup étonnant de la fortune, et ceux qui, le croyant perdu, au moment de son débarquement, avaient parlé le plus haut et fait blanc de leur épée, rengaînent maintenant leurs flamberges et se regardent tout pâles d'inquiétude et de terreur. Ils ont beau s'encourager les uns les autres, l'effroi est dans le camp, et plusieurs se préparent déjà secrètement à passer en pays étranger. Le vicomte, par exemple, n'a pu me cacher ses préparatifs de départ, et je vois fort clairement que s'il songe à soulever le pays il n'oublie pas de se ménager le moyen de fuir, les mains bien garnies.

A la ville on s'organise avec ordre et célérité et on y attend une compagnie de douaniers et deux compagnies de voltigeurs. Tous les hommes en état de porter les armes composent la garde nationale, sans compter une troupe de fédérés déterminés et tout disposés à marcher.

Voilà, mon cher, les consolantes nouvelles que j'ai à rapporter à son excellence le généralissime des troupes royales de la ci-devant province de Bretagne.

Je fis part au curé de ce que je venais d'apprendre, et il m'avoua que le vicomte, craignant d'être attaqué pendant l'avant-dernière nuit, l'avait prié de donner asile, pour quelques jours, à sa femme et à sa fille.

Nous passâmes la soirée avec ces dames, qui étaient fort tristes et vivement alarmées.

Pendant la nuit on nous prévint qu'une colonne de deux cents hommes s'était embusquée aux environs du château, pour le protéger contre les bonapartistes, qui avaient menacé, disait-on, de le mettre à sac.

Grand nombre de royalistes vinrent chercher un gîte dans le bourg, s'enivrèrent et arborèrent un drapeau blanc sur le clocher. On maltraita ou l'on contraignit de s'enfuir les anciens militaires.

Le lendemain, une cinquantaine de fédérés, huit gendarmes et une dizaine de vieux soldats balayèrent la campagne, prirent trois révoltés, ramassèrent une vingtaine de fusils de chasse et rentrèrent à la ville sans avoir trouvé l'occasion de brûler une amorce. Auparavant, ils remirent le drapeau tricolore au bout du malheureux bâton témoin de trois changements de couleurs en vingt-quatre heures, et ne vexèrent personne.

Tout était fini, Dieu merci !

VIII

Sur ces entrefaites, il plut à mes supérieurs de me faire encore changer de résidence, et je fus envoyé comme vicaire à la ville de ***. D'où me venait cette faveur inattendue? C'est ce que je ne pus d'abord deviner; mais, lorsque je connus le curé sous le patronage duquel j'allais vivre désormais, je compris : je devais mon avancement aux craintes de la comtesse, qui m'avait chargé d'une correspondance secrète en 1815. Le retour de l'empereur l'inquiétait pour sa sûreté personnelle, et la discrète dame avait besoin pour se rassurer de me savoir sous la surveillance d'un homme aussi intéressé qu'elle-même à mon silence.

Je menai d'abord une vie fort retirée, à la grande satisfaction, me semblait-il, de mon patron, dont je n'eus d'ailleurs qu'à me louer. Peu à peu, cependant, je pris l'habitude de monter en chaire et je m'acquis une certaine réputation, qui étendit le cercle de mes relations.

Jusque là, — et je ne sais si j'ai songé à en parler, — jusque là on m'avait interdit la confession, et je ne m'en étais pas senti blessé. Le premier mois de mon séjour à *** fut signalé par une permission en bonne forme de confesser dans toute l'étendue de la paroisse. Les faveurs pleuvaient sur moi depuis quelques temps, mais je ne me montrai pas très sensible à la dernière ; j'étais en effet chargé d'administrer tous les malades auxquels le curé devait apporter les secours de la religion. Or, à cette époque de l'année, une maladie épidémique régnait à *** et enlevait beaucoup de monde. Mon patron jugeait sans doute sa vie plus nécessaire à la chrétienté que celle d'un pauvre petit vicaire; aussi ménageait-il la première avec une touchante attention, et exposait-il sans scrupule la seconde.

Quoi qu'il en soit, j'entrai en fonctions, et bientôt je fus témoin d'une scène que je veux essayer de retracer, parce qu'elle peut servir à donner la clé de certains faits mystérieux prônés par les bonnes âmes comme des coups signalés de la Providence.

M. M..., ecclésiastique attaché à la paroisse de Saint-***, avait prêté le serment constitutionnel pendant la révolution, et, depuis, il avait dignement rempli ses devoirs d'homme et de prêtre. Tandis que mon curé vivait tranquillement dans sa chambre à l'abri de l'épidémie, M. M... allait visiter et consoler les malades. Ce régime lui convenait si peu qu'il fut atteint bientôt lui-même, et il me fit appeler près de son lit.

— Je vous ai prié de me venir voir, me dit-il, parce que votre curé m'a toujours regardé comme un intrus, et ne m'a jamais pardonné un serment que ma conscience ne me reproche pourtant pas. S'il entrait chez moi, il me fatiguerait de ses importunités, et troublerait mes derniers moments, que je veux consacrer au recueillement et à la prière. Recevez donc ma confession, car je sens que je vais bientôt paraître devant Dieu.

Il se confessa et reçut les derniers sacrements avec une piété et une résignation admirables. Il était très tranquille lorsque je le quittai. Le soir, pendant le souper, la conversation tomba sur la maladie qui ravageait la ville, et je parlai de M. M... au curé.

— Comment! me dit-il en me regardant d'un air étrange, M. M... est à l'extrémité et vous ne m'en avez pas averti ? Mais savez-vous bien que c'est un prêtre assermenté ?

— Je ne saurais l'ignorer, lui répondis-je, puisqu'il me l'a confessé.

— Il se repent donc ? s'écria le curé, et il est sans doute disposé à signer une rétractation solennelle ?

— Je ne lui ai trouvé, répondis je de nouveau, qu'une piété exemplaire et une entière résignation aux volontés du ciel...

— Il nous faut plus que cela, s'écria-t-il en se levant de table ; accompagnez-moi chez lui, sur-le-champ.

Je ne pus me dispenser d'obéir. Nous nous rendîmes chez M. M..... Sa vieille gouvernante ne voulait pas nous laisser monter dans sa chambre.

— Mon maître, nous dit-elle, vient de s'endormir, et j'espère qu'il passera une meilleure nuit que la dernière.

Le curé ne tint aucun compte de ses observations, et il s'introduisit dans l'appartement du malade sans daigner prendre la plus légère précaution. Le vieillard s'éveilla en sursaut, et la vue du curé le fit successivement rougir et pâlir. Ensuite, faisant un effort pour se soulever, il pria le visiteur de prendre une chaise et de s'asseoir.

— Laissons-là ces minuties, répondit le curé en élevant la voix. Occupons-nous plutôt de la grande et terrible affaire du salut éternel... Êtes-vous descendu dans votre conscience mon frère? avez-vous songé à réparer, par une édifiante rétractation, le scandale que vous avez donné à l'église?

Le malade le regarda avec calme; et, me désignant du doigt, il lui dit :

— C'est dans son sein que j'ai déposé l'aveu de mes fautes : j'espère que Dieu me les pardonnera. Veuillez me laisser terminer en paix une vie que le remords n'a jamais troublée.

Le curé fit un geste d'indignation, et ses yeux lancèrent des éclairs menaçants; mais, réprimant tout-à-coup sa colère, il prit un ton de voix plus bas et, s'approchant du malade :

— Mon très cher frère, reprit-il, je ne doute pas que votre conscience ne soit en repos; mais, pouvez-vous quitter la vie sans rendre à l'église un témoignage propre à confondre l'impiété du siècle et à reconforter les âmes pieuses? La justice de Dieu en sera peut-être adoucie et les anges s'en réjouiront.

Le mourant baissa un instant la paupière et je crus remarquer ses lèvres frémir, comme s'il eût souri douloureusement.

— Monsieur le curé, dit-il en rouvrant les yeux, je saurai bientôt s'il est au pouvoir des hommes de réjouir les anges et si la justice de Dieu, immuable comme lui, tient compte des misères terrestres. Actuellement, j'ai besoin de repos ; je vous demande, au nom de la religion et de l'humanité, de m'en laisser jouir pendant les quelques heures qui me restent encore à vivre.

Une explosion de fureur fut la réponse du curé ; il parcourait la chambre à grands pas en poussant des exclamations et en levant les bras au ciel. Ce spectacle jeta sans doute le trouble dans l'esprit affaibli du malade, car il retomba sur l'oreiller et sembla respirer plus difficilement.

— Mon Dieu ! mon Dieu ! s'écriait le curé, aidez-moi à sauver le pécheur, à l'arracher de l'enfer qui s'entr'ouvre pour l'engloutir... Malheureux ! ajouta-t-il en se penchant sur le lit du mourant, la fosse est ouverte, l'éternité t'attend et le bras de Dieu est levé !...

Le malade parut trembler ; le curé donna un accent plus lugubre encore à sa voix, et continua :

— Dans quelques minutes, il ne sera plus temps de se repentir : Satan aura saisi sa proie... Prions, mon frère, me dit-il alors, prions pour l'âme de ce pécheur prête à l'abandonner...

Il se laissa tomber à genoux avec bruit; j'imitai machinalement son exemple, et il commença à réciter à haute voix le *De Profundis.*

Je frémissais jusque dans la moëlle des os, et une sueur froide inondait mon front.

Quand le curé eut achevé sa triste prière, il prit un crucifix, et approchant une bougie des yeux du moribond, il le supplia, au nom de Jésus-Christ expirant sur la croix, de songer à son âme et de consentir à ce qu'il lui demandait.

Le visage du malade était si pâle, et ses traits me parurent si altérés, que je le crus mort; pourtant, il souleva péniblement la tête, puis il la laissa retomber en gémissant.

— De l'encre et du papier, vite, s'écria le curé en s'adressant à moi; hâtez-vous et écrivez.

J'obéis, et il me dicta ces mots :

« Près de paraître devant Dieu, je déclare « aux Fidèles qui m'ont connu que j'ai horreur « du serment que j'ai prêté contrairement aux « intérêts de l'église et à la sainteté de mes en- « gagements. Je le rétracte, et je prie ceux que « j'ai scandalisés de me le pardonner et d'in- « tercéder pour moi auprès du juge suprême « devant qui je vais bientôt paraître. »

Le curé prit le papier et le lut à M. M..., qui agita une ou deux fois la tête; ensuite, saisissant la main défaillante du mourant, il en étendit les doigts, leur fit serrer une plume chargée d'encre et traça des caractères illisibles au bas de l'écrit.

Que le ciel me pardonne de ne pas m'être opposé à cette infamie ! Les remords que je sens encore en y pensant me prouvent que je fis mal de rester spectateur muet de l'acte de violence exercé sur un être qui appartenait déjà tout entier à la mort.

Lorsque je recouvris la main étendue, je la sentis raide et glacée.

Cependant le curé, rayonnant de joie, avait arraché la plume des doigts du mort et venait de signer sa déclaration mensongère. Lorsqu'il me la présenta, je reculai de deux pas en écartant les mains. Il me pressa ; mais je lui opposai un silence et une immobilité tellement significatifs, qu'il cessa d'insister.

Il était près de minuit lorsque nous rentrâmes à la maison. Je me jetai tout habillé sur mon lit et je ne pus parvenir à fermer les yeux. L'image de M. M... expirant dans un état si différent de celui dans lequel je l'avais laissé le matin, la figure terrible du curé, ses paroles et ses gestes me poursuivaient et ne me permettaient pas de goûter le repos.

— Mon Dieu, pensai-je, quels sont donc ces hommes impitoyables qui poursuivent leurs desseins au milieu des épouvantes de la mort?

Le lendemain, il me fallut soutenir un nouvel assaut de la part du curé. Il me pria d'abord, puis il finit par exiger que je signasse la prétendue rétractation de M. M... J'éprouve une véritable satisfaction en proclamant que j'eus la force de résister aux prières et aux menaces : rien ne put m'arracher la signature. Mon patron me quitta brusquement, et le jour de l'enterrement de M. M..., il lut à haute voix la déclaration devant une foule immense réunie tout exprès. Mes regards étaient fixés sur le curé pendant cette lecture ; lorsqu'il eut achevé, il les rencontra et rougit légèrement.

Le dimanche suivant, il fit la même lecture en chaire ; il la renouvela par deux autres fois ; car telle avait été, dit-il, l'intention du défunt.

Je dois ajouter immédiatement, à la louange de mon patron, que je ne m'aperçus pas qu'il m'eût gardé rancune de mon refus. Il continua de se conduire vis-à-vis de moi comme auparavant, et il ne me parla plus de M. M...

Nous nous trouvions à cette époque de l'année où les prêtres sont le plus occupés. Pâques approchait, et je me vis obligé de partager mon temps entre les malades, dont le nombre diminuait heureusement chaque jour, et la confession des fidèles qui se préparaient à s'acquitter de leurs devoirs de chrétiens.

La première fois que je fus averti que des pénitents m'attendaient à mon confessionnal, je me trouvais dans une singulière disposition d'esprit. Je m'étais laissé entraîner par le doux souvenir de Marguerite et mon cœur, détaché de la terre, m'avait transporté dans ses élans au milieu d'un monde meilleur. Mon imagination me montrait le séjour qu'habitait Marguerite sous les plus charmantes couleurs ; elle m'y attendait en souriant ; ses grâces terrestres ne l'avaient point abandonnée, mais elles s'étaient embellies d'un éclat immortel. Le calme du bonheur éternel perçait dans ses regards ; sa bouche souriait de ce sourire divin que j'ai vu sur les lèvres des vierges de Raphaël, et ses bras s'entr'ouvaient pour m'attirer près d'elle.

Un bedeau vint interrompre mon rêve et je me dirigeai vers l'église, l'âme encore émue de mes aspirations vers l'idéale beauté.

Il n'y avait autour du confessionnal que des femmes et un enfant qui occupait l'une des niches, celle de gauche, je crois : ce fut par lui que je commençai. Après lui avoir donné quelques conseils à la portée de son âge, je me tournai à droite.

J'entendis le murmure d'une voix si faible que le son venait à peine à mon oreille. Je me rapprochai et un souffle brûlant passa sur mon visage.

Je ne sais pourquoi je n'osais parler le premier ; je restais muet comme si j'eusse attendu que ma pénitente commençât sa confessiou. Elle gardait le silence, elle aussi, et le calme était si grand que je crus entendre le bruit d'un soupir à demi étouffé....

Je compris enfin que cette situation ne pouvait se prolonger : je proférai les paroles consacrées, et ma pénitente me fit rapidement et d'une voix haletante l'aveu de ses fautes, puis elle s'arrêta tout-à-coup.

— Ma fille, lui dis-je, sont-ce là toutes les fautes que vous avez commises ?

— Mon père.....

Et elle s'arrêta. — J'attendis, et je répétai ensuite ma question.

— Mon père, me répondit-elle alors, si bas que je comprenais difficilement ses paroles, mon père, il en est une qui me tourmente encore, mais que je n'oserai jamais vous confesser.

— Parlez, mon enfant, lui dis-je, parlez sans crainte, et débarrassez votre conscience du poids qui semble l'oppresser.

Elle ne me disait rien, et j'éprouvais de la répugnance à la presser davantage.

S'il est un lieu où la confiance doive être entière et spontanée c'est au tribunal de la pénitence, me disais-je; si elle s'éloigne de moi, pourquoi irais-je la solliciter et la contraindre? — Ma chère sœur, repris-je, il faut choisir un autre confesseur auquel vous puissiez confier sans réserve les souffrances de votre âme.

— Hélas ! me répondit-elle en tressaillant légèrement, il n'y a que vous à qui je voulusse faire mon pénible aveu, et il n'y a que vous à qui je puisse le faire avec l'espoir d'un soulagement.....

— Parlez donc, ma chère enfant, parlez et soyez sûre de trouver en moi une âme compatissante et un ami disposé à vous être utile aux yeux de Dieu, autant que cela peut dépendre de ma volonté.

Elle parut se recueillir, et reprit d'un ton plus ferme :

— Mon père, je nourris dans mon cœur une flamme coupable ; j'aime un homme qui ne peut être à moi....

Elle s'arrêta, et je lui demandai si dans ses rapports avec lui elle avait quelque chose à se reprocher.

— Vous pourriez répondre pour moi, me dit-elle en couvrant de la main la partie de son visage que ne cachait pas son voile... Me connaissez-vous ?

Surpris de cette question, je lui répondis que je ne voulais ni ne devais savoir qui elle était.

— Eh bien ! continua-t-elle, vous ne me connaîtrez jamais ; mais, au nom du ciel, donnez-moi des conseils pour me guérir de la funeste passion que vous m'avez inspirée !

A cette déclaration imprévue, j'éprouvai un tel saisissement, que je restai assez longtemps sans pouvoir répondre ; enfin, je parvins à balbutier quelques paroles :

— Ma sœur, l'étonnement m'ôte la liberté de réfléchir.... Dans huit jours, j'aurai fait selon vos vœux...

Et je fermai doucement le guichet.

Il me fut impossible d'accorder la plus légère attention à mes autres pénitentes. Ma tête était en feu, mon esprit en désordre, et je sentais le besoin d'être seul. Je me débarrassai le plus vite possible de mes occupations et je rentrai chez moi. Je pus alors réfléchir.

Une femme m'aimait encore sur la terre !....
Cette pensée me jetait dans une agitation extrême, mais pleine de charmes.

— Quelle était cette femme ? où m'avait-elle vu? comment cet amour avait-il pris naissance? Autant de questions que je m'adressais sans pouvoir y répondre. Il n'y avait pour moi qu'une chose certaine, c'est qu'elle devait être jeune et que le son de sa voix pénétrait l'âme d'une douceur infinie.

J'aimais déjà l'inconnue, lorsque le souvenir de Marguerite se ranima dans mon cœur et vint chasser les vaines illusions de l'amour-propre. Je pensai à la morte et je la bénis comme l'ange protecteur qui me protégerait contre les séductions dangereuses de l'esprit et des sens. Peu à peu, je retrouvai le calme, et je m'endormis en songeant à celle qui n'était plus.

O mobilité de la jeunesse! ô vanité de ses résolutions! lorsque je m'éveillai, la première pensée qui se présenta à moi fut celle de ma jeune pénitente de la veille. Je me rappelais minutieusement et mieux peut-être que le soir précédent, tout ce qu'elle m'avait dit, le son de sa voix, le ton qui accompagnait ses paroles; je m'efforçais de soulever le voile qui couvrait son visage et je m'épuisais en conjectures.

En entrant à l'église pour y célébrer la messe, je la parcourus d'un coup-d'œil; mais aucune des assistantes ne me parut ressembler à mon inconnue. Une curiosité plus puissante que ma volonté me dominait à l'autel et quand je me tournais vers l'assemblée, je cherchais malgré moi l'objet qui me causait tant de trouble.

Ce jour-là, je visitai toutes mes connaissances, j'examinai toutes les personnes qui s'offrirent à ma vue ; mais je ne découvris aucun indice qui pût me guider dans mes recherches. Je perdis la tranquillité que j'avais retrouvée depuis la mort de Marguerite, et j'attendis avec impatience et en me maudissant que les huit jours que j'avais fixés moi-même fussent enfin expirés.

Le dimanche, trois jours avant que la semaine, terme assigné par moi à ma pénitente, fût écoulée, le curé me pria de monter en chaire. J'acceptai avec plaisir, convaincu que j'étais d'avoir au nombre de mes auditeurs ma mystérieuse inconnue. Mon sermon traitait de l'amour de Dieu et du prochain : le sujet était en si parfaite harmonie avec l'état de mon esprit, que je perdis mon plan de vue et, oubliant les phrases préparées, je me laissai aller aux entraînements de l'improvisation. Jamais, depuis le temps où j'écrivais à Marguerite, mon imagination n'avait été si féconde en pensées de tendresse, jamais les paroles n'étaient sorties si faciles de ma bouche ; je parlais d'abondance, à la plus grande satisfaction de mon auditoire. Les bonnes dévotes se sentirent enthousiasmées, et pendant plusieurs jours il ne fut bruit dans la ville que du sermon de l'abbé Daniel ; en un mot, j'eus un succès tel, qu'il éveilla la jalousie de mon curé, qui se piquait pourtant de ne pas craindre de rivaux.

Et songer que tous ces éloges édifiants, tout ce vent de pieuse renommée, n'eurent d'autre cause que l'amour-propre surexcité par la curiosité !...

Enfin arriva le huitième jour, et je me rendis à mon confessionnal avec un incroyable empressement. Le nombre de mes pénitents s'était accru avec ma réputation, et il me fallut écouter jusqu'à vingt et une confessions. Pendant quatre mortelles heures, j'attendis vainement que la voix désirée résonnât à mon oreille. Je commençais à désespérer, lorsque j'aperçus, à vingt pas de moi, s'avancer une grande jeune fille couverte d'un long voile ; son pas était indécis, son maintien mal assuré. Je la suivais du regard : elle vint se placer dans le voisinage du confessionnal ; elle s'agenouilla sur une chaise basse, et puis appuyant son front sur l'une de ses mains, elle parut absorbée dans ses réflexions.

— C'est elle ! me dis-je.

Je l'examinai d'un œil avide : elle était élégamment vêtue ; sa taille me sembla ravissante; mais le jour tombait, et il me fut impossible de voir son visage.

Sait-on bien ce que l'on exige du prêtre en lui imposant le renoncement de soi-même et le détachement de tous les sentiments humains dans ces occasions fatales où l'esprit et les sens réclament le plus impérieusement leurs droits?..

J'oubliai que j'étais lié par des vœux qui commandent le silence aux passions, et je les laissai librement parler pendant que j'écoutai ma pénitente.

Je ne m'étais pas trompé : c'était bien la femme que j'attendais.

Que l'on me permette de ne pas réveiller l'écho endormi de nos confidences et de ne pas ranimer la flamme dévorante qui s'alluma au souffle d'un amour partagé. Elle avait fait la première le sacrifice de sa pudeur ; je la suivis dans cette voie périlleuse. Le cri de l'ardente jeunesse fit taire les reproches de la conscience : je devins coupable ; et si le lieu m'empêcha de consommer mon crime, mes secrets désirs ne m'apprirent que trop de quelle souillure, dans des circonstances plus favorables, je me serais volontairement entaché.

Ma pénitente sortit du confessionnal dans un état de trouble que son voile et l'obscurité du soir dérobaient aux regards des indifférents, mais que mon cœur devinait.

Quelle nuit succéda à cette entrevue! que de projets, que de désirs, et aussi que de soupirs et de remords! Aujourd'hui je cherche à me rappeler les idées qui m'assiégeaient, et ma mémoire ne m'apporte que souvenirs tumultueux et confus. Tantôt, m'abandonnant à ma passion, je soupirais après le moment où il me serait donné de voir face à face celle que j'aimais. Tantôt la conscience élevait sa voix réprobatrice pour me rappeler aux devoirs de mon état; il n'était pas jusqu'au souvenir de Marguerite qui ne vînt combattre mon entraînement criminel. Je gémissais alors, et des larmes de repentir coulaient de mes yeux; mais bientôt l'influence enivrante du nouvel amour effaçait de mon âme, et pieux souvenir, et devoir, et vertu. . . . .

...... LE CÉLIBAT!..... Est-il possible, mon

Dieu, que ce soit un homme qui l'ait imaginé, qui s'y soit assujéti pour l'imposer ensuite à d'autres hommes? Y a-t-on songé? Laisser à la jeunesse ses désirs, ses passions; bien plus encore, les alimenter par l'oisiveté, et par la bonne chère et la jeter ensuite, brûlant de mille feux, au milieu des flammes, avec la mission de les éteindre!.... Pour vous soumettre les animaux, vous leur ôtez la source de leur énergie; pour avoir des chanteurs habiles, vous mutilez des créatures humaines et vous n'osez rien faire pour assurer le repos intérieur des âmes et garantir la moralité sociale!... Soyez conséquents : vous exigez de nous l'impossible : eh bien! si c'est là une vertu, rendez-nous capables de la pratiquer, ou plutôt, mettez-nous en état de ne pas l'enfreindre. Ne nous forcez plus, au nom du ciel, à devenir parjures ou à désavouer les conditions mêmes de notre être. . . . .

IX

Il avait été convenu que l'inconnue m'écrirait. Je ne savais ni son nom ni le lieu de sa demeure, et ce mystère que j'étais impatient de pénétrer donnait un attrait de plus à notre liaison. J'ignorais même quand et comment sa lettre me parviendrait.

Près de la moitié d'une journée qui me paraissait interminable s'était écoulée, et je n'avais rien reçu. L'oreille aux aguets, je tressaillais au moindre bruit ; mon cœur battait plus vite, puis je me laissais retomber dans un découragement dont je sortais bientôt à la moindre lueur d'un espoir incessamment trompé.

Il était midi ; les sons de l'horloge me rappelèrent la règle de la maison, et je descendis machinalement à la salle à manger. Je récitai l'*Angelus* avec le curé, et, sans y faire plus d'attention, je regagnai ma chambre, laissant mon patron seul à table. J'étais à peine remonté, lorsque le bruit de la sonnette retentit dans la cour. — Je courus à la fenêtre : un mendiant venait d'entrer une lettre à la main. En un instant je fus auprès de lui : j'avais deviné que c'était moi qu'il cherchait. Une fois maître du billet, je n'attendis pas même d'être seul pour l'ouvrir. Le voici textuellement :

« Trouver assez de force et de raison pour « résister à mon cœur, c'est plus que je n'ai « pu faire. Que Dieu ait pitié de moi ou je suis

« perdue. Le premier pas est franchi, Mon-
« sieur, et vous êtes plus coupable que moi...
« Croyez-vous que cela me console et m'en-
« hardisse à vous aimer? — Vous aimer... Et
« pourquoi craindrais-je d'écrire ce mot?
« N'ai-je pas eu l'audace de le faire entendre
« à votre oreille, dans un endroit où je ne de-
« vais songer qu'à me repentir de mes fautes
« au lieu de les aggraver par l'aveu d'une pas-
« sion criminelle?

« En traçant ces lignes, je m'impatiente de
« songer à autre chose qu'à mon amour, et
« d'occuper ma pensée des vaines alarmes
« d'une conscience à demi vaincue. Je vous
« parle sans déguisement : vous m'avez sub-
« juguée, je ne m'appartiens plus, je suis toute
« à..... non je ne puis encore vous l'avouer.

« Jamais vous ne me connaîtrez; mais vous
« ne me refuserez pas de vous entretenir par
« écrit et de vous peindre tout ce qui se passe

« dans mon cœur. Peut-être ce commerce me « fera-t-il découvrir en vous des imperfections « qui aideront à me guérir? Peut-être votre « âme ne sera-t-elle pas à l'unisson de la « mienne? Oh! non, je me trompe, j'en ai « pour garant les paroles qui s'échappaient « de votre bouche, et qui me pénétraient de « leur chaleur. N'est-il pas vrai que vous sau- « rez aimer, que vous me le direz encore?

« Ah! pourquoi faut-il qu'un lien fatal nous « sépare à jamais? Quelle cruelle idée! Elle « passe sur mon cœur comme un frisson de « mort et me laisse pâle et tremblante.

« Je vous en prie, je vous en supplie les « mains jointes, ne cherchez point à savoir qui « je suis; soyez assez humain pour verser un « baume consolateur sur ma blessure, pour « me rappeler lentement à la raison sans me « connaître; vous m'arracherez aux plus dé- « vorants remords, à la plus épouvantable si-

« tuation. Hélas ! si vous saviez les larmes que « j'ai répandues en secret avant d'oser vous « parler, si vous pouviez vous faire une idée « des combats que je me suis livrés avant de « me déterminer à cette démarche désespérée, « je deviendrais pour vous un objet de grande « pitié.

« Je finis, j'ai honte de moi-même, je mau« dis mon existence et je n'ai plus de force que « pour vous aimer et m'en repentir.

« Adieu. »

Cette lecture acheva ma défaite. Quelle âme ! quel esprit je découvrais tout à la fois ! J'ai honte de le confesser, mais je dois le dire, je ne me sentis disposé ni à la pitié, ni à la générosité que l'on me demandait ; au contraire, mon égoïsme s'applaudissait d'avoir inspiré une aussi vive tendresse, et je ne manquais pas, dans mon amour-propre, de me former une haute opinion de la femme qui l'avait conçue.

Je me disposais à répondre immédiatement, lorsque je réfléchis que l'on ne comptait pas, au moins de si tôt sur une lettre de moi, puisqu'on ne m'avait pas indiqué par quelle voie je pourrais la faire parvenir à son adresse. Au même instant, j'aperçus le curé qui se dirigeait vers moi d'un air empressé. Je cachai mon papier et je composai mon visage.

— Il faut aller sur-le-champ, me dit-il, confesser un royaliste dangereusement blessé. On l'a fait apporter depuis quelque jours chez madame de X., pour qu'il pût être visité et pansé par un chirurgien ; mais il est à toute extrémité.

Je me hâtai de sortir, heureux d'échapper ainsi aux questions embarrassantes que le curé n'aurait pas manqué de m'adresser à propos de mon absence du dîner.

Je trouvai le blessé bien moins malade que je ne devais le supposer et si peu disposé à recevoir les secours de la religion, qu'il fit une grimace en me voyant entrer. Madame de X. se retira presque aussitôt et j'entamai la conversation avec mon étrange pénitent. Il m'écouta en me regardant attentivement, puis il prit la parole :

— En vérité, Monsieur l'abbé, me dit-il, j'entends si fort parler de votre pieuse érudition depuis trois jours, que je suis tout surpris, et j'ajoute bien vite, tout charmé que vous ne m'ayez pas abordé avec un texte de l'ancien testament à la bouche. Je déteste le langage mystique et je m'ennuie ici à la mort. Croiriez-vous que madame de X. ne me permet pas de lire d'autre livre que le *Combat Spirituel*, et qu'elle m'a refusé hier un peu de viande, sous prétexte que c'était jour maigre ?... Quelle folie aussi, ajouta-t-il, d'aller guerroyer sans résultats pour le trône, et d'envoyer ou de recevoir des balles quand on ne compte que des camarades et des amis parmi les gens qu'il faut combattre.

— Mais, Monsieur, lui répondis-je, je ne vois pas que vous fussiez obligé de prendre ce parti plutôt qu'un autre et, si vous eussiez cru faire une folie, vous seriez certainement resté tranquille dans votre famille.

— Ah! vraiment oui! s'écria en riant le blessé... « rester tranquille dans ma famille, » voilà comme vous l'entendez, vous, Monsieur l'abbé, mais mon père parle autrement. Voulez-vous que je vous dise ce que c'est que mon père? Aussi bien vous veniez confesser quelqu'un, eh bien! c'est lui et non pas moi que vous confesserez; au fond, nous y gagnerons tous les deux. Mon père a émigré, puis il est rentré en France, et, après avoir fait la guerre de la chouannerie, il a fini par obtenir un emploi sous l'empire. Assez bien traité par Napoléon, il put relever sa petite fortune; aussi, à cette époque, nous faisait-il réciter tous les dimanches la partie du catéchisme où l'on recommande amour, respect et dévoûment à l'empereur. Il aimait alors à nous raconter les exploits du grand homme, et mon frère aîné, en sortant du lycée, est allé le servir en Allemagne. Mais le navire a viré de bord. Mon père a jeté sa croix d'honneur pour se décorer d'un petit lys en argent; les tableaux qui avaient si souvent excité son enthousiasme en mettant sous ses yeux les faits d'armes « du Réparateur des autels, du Sauveur de la France, » sont montés au grenier. A dater de ce moment, nos croisées se parèrent, aux jours d'illuminations, de transparents en l'honneur des Bourbons, et mon père ne parla plus en public de Bonaparte qu'en ajoutant un *u* à son nom et en appuyant sur l'*e* qu'il surmontait d'un accent aigu. — Mon pauvre frère était revenu, mais on ne l'accueillit pas comme l'enfant prodigue, et le séjour de la famille lui fut interdit. Il avait appris sous le drapeau à ne pas renier son chef dans la mauvaise fortune. Mon père me défendit de le voir; mais le même sang coule dans nos veines; je partageais les sentiments de mon frère comme j'avais partagé son éducation, et je n'obéis pas à la défense paternelle. Il allait en résulter quelque méchante affaire pour moi, lorsque nous apprîmes que *Buonaparté*, cet usurpateur, ce brigand que la France avait rejeté de son sein comme un monstre, venait de quitter son petit royaume de l'île d'Elbe, et de traverser avec une poignée de soldats cette même France battant des mains à son passage. Voilà mon père dans l'embarras! Les tableaux redescendent du grenier, on les nettoie et on les met en évidence dans la salle à manger; le buste de l'Empereur, qui avait été relégué dans un coin obscur, vient remplacer deux autres jolis petits bustes en plâtre, avec lesquels ma jeune sœur jouait aux poupées ; enfin, mon frère est rappelé à la maison. Il n'était plus temps : il venait de partir pour rejoindre ses camarades, et, peu de jours après, nous recevions la nouvelle de sa promotion au grade de colonel. — Cependant le bruit s'est répandu, vous le savez, presque aussitôt après le retour de l'Empereur, que les puissances armaient et qu'une nouvelle coalition menaçait le fugitif de l'île d'Elbe. Mon père a fait alors de profondes réflexions et, pour ne pas être pris au dépourvu, quoi qu'il arrive, il a jugé à propos de m'envoyer courir la campagne avec de pauvres diables trop heureux d'avoir un prétexte pour demander, les armes à la main, le pain qu'ils ne savent pas gagner. Je me suis longtemps défendu de prendre ce parti ; mon père a employé vainement prières, suggestions de toute espèce pour m'y déterminer ; enfin, me trouvant inébranlable, il m'a menacé de sa malédiction. Vaincu par les larmes de ma mère, j'ai pris mon fusil de chasse, et je suis allé rejoindre les héros qui couraient les champs au nombre d'environ deux cents. Ennuyé de les voir fuir devant vingt ou trente fédérés, j'ai voulu les obliger à tenir tête un instant. Resté seul, j'ai reçu une balle à l'épaule, et je remercie ma bonne fortune de m'avoir tiré à ce prix d'une aussi maussade compagnie, tout en fournissant à mon père des titres à faire valoir si les Bourbons reviennent jamais.

Nous causâmes encore quelque temps, M. V. et moi. Il m'avoua qu'il feignait d'être plus malade qu'il ne l'était réellement, pour ne pas retourner avec les chouans, et nous nous quittâmes fort bons amis.

Mais cet incident, que j'ai rapporté parce qu'il peut servir à peindre l'intérieur de plus d'une famille à l'époque critique dans laquelle nous nous trouvions, m'a écarté de mon sujet. Je reviens donc à mon histoire personnelle, puisque c'est de moi surtout que je dois parler dans ces tristes Mémoires.

Un instant distrait par la conversation du chouan malgré lui, je ne tardai pas, une fois seul, à retomber dans un trouble inexprimable. L'inconnue l'avait dit : le premier pas était fait, j'étais sorti du sentier du devoir et j'étais devenu parjure à mes serments sans avoir sondé l'abîme qui s'ouvrait devant moi ; il m'apparaissait par moment, mais le courage de l'éviter me manquait ; et je ne détournais la tête que pour ne pas voir le péril que je bravais imprudemment. Je m'endormis fatigué de ces combats ; le sommeil me fut un bon conseiller et je m'éveillai, à ma grande surprise, dans un état de calme qui m'inspira les plus sages résolutions.

Je pris le parti de ne pas répondre à la lettre que j'avais reçue, d'éviter désormais tout entretien au confessionnal, et, pour échapper plus sûrement à l'ennemi qui avait envahi mon esprit et mon cœur, je me décidai à solliciter un changement de vicariat. Je me mis à l'œuvre sur-le-champ et sous le prétexte que ma santé souffrait du climat de la Bretagne, je priai mes supérieurs de m'accorder un autre poste, quel qu'il fût. Ma lettre était le soir même à la poste et je me couchai la conscience plus tranquille.

Lorsque je me levai je sentis un appétit excessif; j'avais passé la journée précédente sans manger et la nature réclamait ses droits. Je me rendis à l'église, où je célébrai la messe avec plus de dévotion que je n'avais coutume d'en apporter dans cet acte religieux; peut-être la tendresse qui débordait mon cœur prenait-elle le nom de la piété pour se faire issue.

Le déjeûner, en relevant mes forces, vint jeter dans l'ombre mes bonnes idées de sagesse. Je m'arrêtais par instant à de douces pensées d'amour ; peu à peu ma passion reprenait son empire, la raison cédait le terrain pied à pied, et je finis par éprouver un tardif regret d'avoir écrit et envoyé ma lettre.

Je cherchais déjà un moyen d'éloigner le changement que j'avais provoqué, lorsque le mendiant de la veille reparut dans la cour. Il me remit un petit paquet en me priant de dire une messe à l'intention de la personne qui me l'envoyait. Ce paquet contenait une aube magnifique et un billet que je me hâtai de décacheter. Il était de la même écriture que le précédent :

« Recevez, m'écrivait-on, ce don de l'amitié
« la plus vive. Lorsque mes doigts l'ornaient
« mon cœur s'occupait de votre pensée. Vous
« allez souvent vous promener sur la place
« voisine de l'église ; si vous avez à m'écrire,
« allez-y demain à dix heures et retirez-vous
« après avoir mis votre réponse sous le ban

« de pierre le plus rapproché des ormeaux.
« Adieu. »

— Quélle femme étrange, m'écriai-je ! elle veut rester enveloppée d'un mystère impénétrable et m'inspirer un inutile amour... Mais je saurai bien lever le voile qui la couvre, et je verrai si elle est digne que je lui fasse le sacrifice de mes devoirs.

Sous l'influence de cette idée j'écrivis la lettre suivante :

« Jeté, sans y avoir réfléchi, dans une intri-
« gue singulière, j'ai fait trop bon marché, je l'a-
« voue à ma honte, de l'estime que je me devais
« à moi-même, puisqu'il ne m'est pas permis
« de jamais connaître la personne pour laquelle
« j'ai foulé aux pieds les plus saints engage-
« ments. Mais une démarche, imprudente sans
« doute, ne suffit pas cependant pour m'enle-
« ver ma liberté. Puisque vous avez sur moi
« l'avantage de savoir qui je suis, rentrons, je

« vous prie, dans notre première position ; ef-
« façons le souvenir du passé, oublions, vous,
« que j'ai été entraîné aveuglément par mon
« cœur, et moi qu'il y eut une femme qui
« prétendit m'aimer, et qui agit comme si elle
« n'éprouvait pas la tendresse dont elle me par-
« laît avec tant de force. Adieu.

P. S. Ma lettre, je le sens à l'agitation de
« mon cœur, aurait été bien différente si les
« choses eussent été égales de part et d'autre.»

A l'heure indiquée, je me rendis à l'endroit désigné. La place était déserte. J'allai m'asseoir sur le banc qui devait servir de dépôt à ma réponse. En vain mes yeux cherchèrent autour de moi, je n'aperçus âme qui vive, et après avoir caché mon papier entre la pierre et son appui, je me retirai à pas lents en feignant de lire dans mon bréviaire. Bon Dieu ! quelle apparence trompeuse, et que mon esprit était loin de ma lecture !

Je me retournai plusieurs fois pour parcourir la place du regard ; mais il semblait que ce jour-là les promeneurs se fussent donné le mot pour demeurer chez eux ou tourner leurs pas d'un autre côté.

Il n'y avait pas deux heures que j'étais à la maison quand je reçus, je ne sais comment, une lettre dont le cachet était encore frais. Elle était conçue en ces termes :

« Lorsque je vous ai dévoilé mon âme au « confessionnal, lorsqu'un aveu qui me coûtait « tant est sorti de mes lèvres, vous auriez dû « me faire les observations que vous m'adres- « sez aujourd'hui.

« C'est un raffinement de cruauté que de « vouloir connaître votre victime, et je sens « maintenant combien la précaution que j'ai « prise était sage. Ingrat, je vous livre la plus « noble partie de moi-même, et mal satisfait « de cet abandon, vous voulez, dans un misé-

« rable intérêt de vanité, pouvoir vous dire
« quand je passerai devant vous : « La voilà
« celle qui a oublié pour moi la pudeur et le
« devoir.

« S'il y avait au moins dans votre réponse
« un seul mot qui pût me faire soupçonner que
« vous avez un cœur... Mais non, vous avez
« raisonné froidement ; ce qu'on appelle la pru-
« dence a parlé, l'amour est resté muet. Hé-
« las ! n'ai-je pas appris par une cruelle expé-
« rience que le cœur qu'il a vaincu ne saurait
« résister au besoin d'exprimer les sentiments
« dont il est pénétré. . . . .

« J'ai respiré, j'en avais besoin, et je re-
« prends la plume pour vous écrire encore.
« Pourquoi donc cette âme qui m'avait semblé
« brûlante la seconde fois que je vous parlai,
« pourquoi cette âme qui savait en chaire si
« bien exprimer l'amour est-elle restée froide
« lorsque vous m'avez écrit?

« Je rejétte la pensée que j'ai pu être jouée
« par vos paroles et je ne veux attribuer qu'à
« une folle défiance, à la timidité peut-être, les
« précautions que vous avez cru devoir pren-
« dre. Cette idée m'arrache au désespoir. N'est-
« il pas vrai que vous savez m'aimer, que vous
« oserez me l'écrire et que demain vous me
« donnerez la force de supporter la vie ?

« Adieu, adieu. »

Cette lettre me jeta dans de nouvelles anxiétés. J'avais trouvé une femme qui m'aimait comme je rêvais d'être aimé, et je me reprochais de l'avoir blessée par une indifférence déjà bien loin de mon cœur. J'avais le pressentiment des malheurs que me vaudrait cette liaison, et je ne me sentais pas le courage d'y renoncer fermement. Fatigué de mes incertitudes, épuisé par les secousses répétées des derniers jours, je cherchai un remède qui pût calmer mes angoises, ou du moins me distraire d'une passion coupable. Je fis plusieurs visites sans trouver le soulagement que j'espérais. Tout au monde m'était insipide ou douloureux; la lumière elle-même me gênait. Il me semblait que je possédais un sens de plus qu'auparavant pour percevoir la tristesse avec tous ses découragements et tous ses dégoûts. Deux jours se passèrent ainsi sans que j'eusse pris de résolution ou que je me fusse arrêté à une pensée raisonnable.

Le curé, à qui j'avais confié ma demande de changement, n'eut pas de peine à croire que les motifs que j'alléguais étaient fondés. Mes traits portaient si bien l'empreinte d'une souffrance profonde qu'il parut alarmé de mon état et, sans m'en rien dire, il fit appeler un médecin. Au moment où je m'y attendais le moins, il introduisit près de moi M. D. Le docteur me trouva le pouls agité, les nerfs malades, etc., et après m'avoir à deux reprises regardé la langue, tâté le pouls, il se retira en déclarant que j'avais besoin d'une application de sangsues.

— Le docteur peut avoir raison, dis-je au curé, qui rentrait après avoir conduit le docteur D., mais je crois que j'aurais raison, moi aussi, de ne point suivre son ordonnance. Il me faut du repos et une dose d'opium.

— De l'opium ! s'écria le curé en me regardant d'un air effaré ; mais vous n'y pensez pas et vous avez sûrement la fièvre au cerveau.

— C'est possible, lui répondis-je ; mais j'ai le sentiment de mon mal et je voudrais une dose d'opium.

Le curé ne répliqua rien et sortit. Un instant après entra sa gouvernante. Elle me proposa inutilement tous les cordiaux de la sœur supérieure de l'hospice Saint-N... Sur mon refus elle renonça aux cordiaux, et pensa qu'elle serait plus heureuse en m'offrant quelques-unes des sucreries dont le curé était toujours merveilleusement approvisionné. Elle m'en fit une liste aussi longue que les litanies. Les friandises ne me tentèrent pas, et la bonne créature me quitta en branlant la tête. — Il fallait être bien malade, à son avis, pour refuser tant et de si bonnes choses.

C'est une chose assez étrange que l'opiniâtreté que mettent les malades à suivre des idées auxquelles ils n'ont pas réfléchi. Je m'étais imaginé, sans savoir bien pourquoi, que l'opium me procurerait le sommeil ; pendant cet engourdissement, me disais-je, la machine ébranlée reprendra son équilibre et j'échapperai à l'insupportable agitation qui me dévore. Je le crois encore aujourd'hui, je portais en moi le germe d'une maladie, résultat naturel de la contrainte dans laquelle je vivais et des émotions trop violentes qui m'avaient assailli.

Donc, persuadé que l'opium devait me sauver, j'allai en acheter plusieurs doses dans une pharmacie. Ce fut un très jeune homme qui les pesa et qui en reçut le prix. Soit par inadvertance, soit qu'il ne m'eût pas compris, il n'avait point divisé la quantité demandée en paquets. De retour chez moi, je délayai tout ce que je rapportais dans un verre d'eau et je l'avalai sans avoir conçu un moment, je le déclare, l'intention de me tuer.

Peu à peu le tumulte de mon esprit s'apaisa, les objets qui m'environnèrent semblaient s'éloigner en se rapetissant, et je tombai dans un état de langueur qui me charmait sans que j'eusse la conscience de ce que j'éprouvais. Je n'avais plus, pour ainsi dire, le sentiment de l'existence lorsque le docteur D. entra brusquement avec le curé. Je le vis, mais voilà tout ce qui me revient à la mémoire... Quand je me ranimai, j'éprouvais d'affreuses nausées; je vomis abondamment et je me sentis près d'expirer.

— Une demi-heure plus tard, il était perdu,

disait le docteur. Mais qu'est-ce qui a pu le porter au suicide?

Le recteur, au nombre des objections qu'il présenta au docteur pour lui ôter cette pensée, trouva la véritable cause de mon empoisonnement.

— Ce jeune homme, lui dit-il en parlant de moi, est singulier ; il se forge des chimères ; je suis convaincu qu'il a cru avoir fait une découverte en médecine.

La gouvernante, qui tenait le bassin, prétendit que, depuis quelque temps, je m'exténuais de jeûnes et que je venais sans doute de me mortifier à ma manière. Le docteur ne fit plus de questions, recommanda quelques soins et sortit. Je me trouvais mieux et je contai ingénûment au curé comment la chose s'était passée. Il ne mit pas en doute ma bonne foi, mais il blâma à bon droit mon imprudence.

Le bruit de mon indisposition se répandit et,

dès le lendemain, on tenait pour certain dans la ville que j'avais failli mourir à la suite de mortifications trop rigoureuses.

Une gouvernante de curé a de nombreuses relations dans le corps des dévotes, et celles-ci répandent ce qui leur paraît édifiant avec autant d'empressement qu'elles en mettent à taire ou à dissimuler ce qui pourrait nuire à la réputation de leurs pasteurs.

Toute la journée, la servante fut presque uniquement occupée à répondre à ceux qui venaient chercher de mes nouvelles. Il était déjà nuit lorsqu'elle entra chez moi pour me demander si j'étais en état de recevoir la visite d'une personne qui paraissait pressée de me parler.

Je répondis, sans prendre le temps de réfléchir, que s'il y avait urgence on pouvait laisser monter cette personne. Peu après, je crus distinguer le bruit d'un pas léger et timide; la porte s'ouvrit, la gouvernante se rangea de côté : une femme voilée et enveloppée d'une mante venait d'entrer dans ma chambre.

Une émotion soudaine s'empara de moi; je restai les yeux fixés sur l'apparition sans lui adresser une seule parole. Elle paraissait irrésolue, et pendant quelque temps elle me sembla plus disposée à fuir vers la porte qu'à s'approcher de mon lit. Enfin, elle se détourna comme pour voir si la servante s'était retirée, et après s'en être assurée, elle fit deux ou trois pas vers moi.

Je la considérais en silence, le cœur me battait, et j'attendais avec un mélange indéfinissable de terreur et de plaisir la suite de cette étrange entrevue.

Elle était à une petite distance de mon lit, son voile toujours baissé et une seule main hors de sa mante. Elle respirait difficilement et paraissait au moins aussi embarrassée que moi.

— Les causes de votre maladie me sont connues, me dit-elle d'un ton mal assuré ; je viens vous reprocher d'avoir été assez faible pour abandonner une vie où vous pouviez...

Elle s'arrêta comme hors d'haleine, passa sa main sur son visage couvert d'un voile épais et sembla comprimer son front. Sa tête s'était un peu inclinée ; elle chancelait ; je fis un mouvement pour la soutenir ; elle recula brusquement en arrière et tendit la main en avant :

— Restez, me dit-elle, ou je sors à l'instant.

Je retombai sur mon lit.

— Oui, continua-t-elle d'une voix mieux affermie, je sais que vous avez acheté une dose d'opium suffisante pour vous empoisonner. Le docteur D. veut bien croire que vous vous êtes trompé en la prenant ; mais moi je viens vous demander compte d'une vie que vous avez cruellement exposée.

— Je vous jure, la main sur la conscience, lui répondis-je, que tout cela est le résultat d'une imprudence et que si le ciel a des fautes à me reprocher, il ne me punira pas d'un suicide... Mais vous, qui êtes-vous, pour prendre tant d'intérêt à mon sort?

— Qui je suis!... pouvez-vous me faire cette question? Votre oreille n'a-t-elle jamais entendu le son de cette voix qui aujourd'hui encore tremble en vous parlant... Qui je suis? hélas! je voudrais l'ignorer moi-même, pour n'avoir plus à rougir.

— Vous m'accordez donc enfin le bonheur de vous connaître, de vous voir en face, de vous ouvrir librement mon cœur, de vous montrer la plaie que vous lui avez faite; vous me permettez de vous demander pardon de mes injurieuses défiances?

— Je n'accorde rien de tout cela, répondit-elle d'une voix si douce qu'elle semblait suppliante ; je veux rester inconnue pour ne pas succomber sous ma honte. Je venais ici chercher la preuve que ma lettre ne vous avait pas poussé au désespoir ; je suis rassurée : maintenant il faut que je parte.

— Au nom de Dieu, m'écriai-je avec véhémence, ayez pitié de moi, ayez pitié de ma fatale passion : laissez-moi voir celle qui l'a allumée, laissez-moi embrasser ses genoux....

J'essayai de me lever ; ma faiblesse trahit mes désirs et je me retrouvai assis sur mon lit, dans le plus grand désordre.

— J'aurais dû le prévoir, murmura-t-elle ; mais je suis folle... Adieu, Monsieur, je ne puis rester plus longtemps ici, je le sens.... Adieu, laissez-moi partir ; vous voyez bien qu'il faut que je sorte...

Elle s'appuya contre la porte ; elle paraissait en chercher la clé ; mais sa main tremblante se promenait sur la serrure sans pouvoir l'ouvrir.

— Oh! encore un instant, lui criai-je, un seul instant! Accordez-le moi, et vous mériterez toute ma reconnaissance....

Elle se retourna ; il me sembla qu'un rayon de tendresse perçait son voile pour venir tomber sur mon cœur.

Ma tête se troublait, je frissonnais et je brûlais tout à la fois. Les paroles expirèrent sur mes lèvres, je ne pus que joindre les mains et pleurer.

— Pauvre enfant, dit-elle, il souffre autant que moi....

Et elle essuyait ses yeux en me parlant. Nous restâmes ainsi quelques instants. Bientôt elle se rapprocha de mon lit et me dit avec un accent d'une incroyable fermeté :

— Nous sommes tous les deux bien malheureux ; mais nous le serions davantage si je restais. Calmez-vous! demain vous recevrez de mes nouvelles. Pardonnez-moi d'être venue vous troubler; mais je ne vivais plus depuis que je vous savais malade. Adieu, je pars, trop heureuse de ne pas emporter de remords.

Elle était à la porte avant que je pusse répondre un seul mot, et elle disparut sans entendre mes prières et mes supplications.

Ce fut chose heureuse pour moi que la gouvernante du curé rentrât immédiatement et me forçât à répondre à ses questions, car je ne sais à quelle extrémité m'aurait conduit mon égarement.

— Singulière visite, me dit la bonne femme; elle s'introduit sans trop de façons et s'en va sans répondre, comme si elle fuyait la peste ou le feu. Il y a des gens que la conscience fait marcher vite... Mais n'y aurait-il pas d'indiscrétion à vous demander, monsieur l'abbé, si cette demoiselle est de la ville? Je ne la connais pas et ne crois pas l'avoir jamais vue.

Je saisis au passage le moyen que me fournissait la gouvernante de sortir de l'embarras où me mettaient ses questions, et je lui répondis que n'ayant jamais vu cette jeune personne qu'au confessionnal, je ne la connaissais pas plus qu'elle. Je fus bien aise ensuite de lui laisser croire qu'ayant reçu de cette dame mystérieuse, sous le sceau de la confession, un secret important, elle avait craint de me voir hors d'état de la réconcilier avec elle-même.

— Voilà pourquoi, sans doute, elle vous a semblé si pressée, dis-je à la curieuse en terminant.

La gouvernante n'eût pas osé soupçonner un prêtre de mensonge : elle me crut donc de tout point; seulement, elle ajouta, comme à part soi, en me présentant un bol de tisane :

— A son âge, le cœur est si facile à se laisser prendre, on a si peu d'expérience!... Mais j'ai tort de vous dire cela.

Elle reposa sur la table le bol que je venais de vider, rétablit un peu d'ordre dans ma chambre et sortit en me recommandant le repos.

Le conseil était bon; mais j'étais incapable de le suivre. A peine seul, je me plongeai dans mes pensées, et bientôt je fus en proie à une fièvre brûlante. Enfin, la faiblesse qui lui succéda me rendit calme et je passai le reste de la nuit dans un engourdissement qui ressemblait à la mort.

X

Le jour suivant, j'aperçus à peine le curé : des affaires de la plus haute importance exigeaient, me dit-il, sa présence au dehors. J'ai su depuis qu'il s'agissait tout simplement de prendre des mesures pour tenter de soulever la Bretagne en masse et seconder, par cette diversion, la seconde invasion des puissances étrangères en marche sur Paris. Le curé s'était réuni dans ce but à quelques émigrés qui entretenaient des correspondances actives avec les chouans, et c'était à l'un de leurs conciliabules qu'il allait assister.

Quoique extrêmement abattu, je m'étais cependant levé et je prenais l'air à la fenêtre, lorsque j'entendis le son du tambour et un grand bruit de voix qui partaient de la rue voisine. Un instant après, une troupe de douaniers et de fédérés passa en criant : vive l'empereur ! Elle revenait de poursuivre une bande de chouans qui s'était approchée de la ville et ramenait un douanier blessé et deux prisonniers. Le douanier, étendu sur un matelas dans la charrette, la tête appuyée sur une botte de paille, conservait, malgré sa pâleur, un air de fierté qui contrastait singulièrement avec la mine abattue de ses deux malheureux compagnons. Ceux-ci, la tête basse, la contenance embarrassé, n'osaient lever les yeux sur la foule qui les entourait ; leur vue seule inspirait la pitié. C'étaient deux paysans en sabots, mal vêtus et qui, de même que tous ceux que j'ai connus depuis, ne savaient probablement pas pourquoi ils allaient tuer leurs compatriotes ou se faire tuer par eux.

Le cortège venait de passer, lorsque la gouvernante du curé m'apporta une lettre.

— Qui vous l'a remise ? lui dis-je.

— Tandis que ces enragés de bonapartistes passaient, me répondit-elle, et pendant que je regardais les prisonniers qu'ils emmènent avec eux, quelqu'un m'a glissé ce papier dans la main en me disant que c'était pour vous. Ma foi, ces deux pauvres paysans qui se sont battus pour la boune cause et qu'on va peut-être fusiller, me faisaient tant de peine, que je n'ai vu qu'eux.

— Croyez-vous donc qu'ils seront fusillés, Thérèse?

— Eh ! bon Dieu ! qu'en feraient ces buveurs de sang, s'il ne les massacraient pas? Ne savez-vous pas que leur rage a redoublé depuis les nouvelles, mauvaises pour eux, qui se sont répandues par ici, monsieur l'abbé?

La gouvernante allait commencer à défiler son chapelet de commérages politiques; mais, impatient de lire ma lettre, je coupai court à la conversation et je la congédiai.

Par une bizarrerie que je n'essaierai pas d'expliquer, à peine me trouvai-je libre, que je fus pris de la plus étrange hésitation. J'étais certainement très désireux de lire le billet que je venais de recevoir et cependant je ne me hâtais pas de l'ouvrir; je tremblais en enlevant le cachet, en dépliant le papier; et mes yeux parcoururent les deux ou trois premières lignes sans pouvoir en saisir le sens.

La lettre que m'écrivait l'inconnue était remplie de témoignages d'amour; mais, en même temps, elle décelait la satisfaction que lui causait la victoire qu'elle avait remportée la veille sur elle et sur moi. Elle terminait en insistant sur la nécessité de ne jamais se faire connaître. Le banc sous les ormeaux devait continuer de me servir de boîte aux lettres.

Ainsi le mystère s'épaississait autour de moi. Qu'était donc cette femme? où voulait-elle me conduire? L'aveu de sa passion ne datait que de quelques jours et déjà elle avait porté des fruits amers. La voie dans laquelle elle nous entraînait était, je le sentais profondément, hérissée de douleurs et de remords, et il me semblait voir la honte et la réprobation des hommes nous attendant au bout du sentier. Il ne m'était plus possible d'accepter cette situation équivoque, cette douteuse liaison qui me plaçait dans un péril continuel sans même apporter avec elle les bénéfices de la passion. Ma conscience répugnait au mensonge; je voulais à tout prix rompre franchement, hautement les liens qui me retenaient encore et faisaient de moi, tant qu'ils n'étaient pas brisés, un sacrilège et un parjure.

Entre mille projets qui se présentèrent à mon esprit pour reconquérir mon indépendance, celui de partir pour le Nouveau-Monde me parut le plus facilement réalisable et le plus séduisant. Plus jeune, je l'avais déjà formé, ainsi que le lecteur se le rappelle peut-être ; mais des obstacles imprévus m'empêchèrent de réussir. Les circonstances n'étaient plus les mêmes et le succès me semblait facile. Je m'arrêtai donc à la pensée d'aller chercher en Amérique un coin de terre où il me fût permis d'être homme sans encourir le blâme et les vengeances de mes semblables. J'envisageai mon projet sous toutes ses faces et, convaincu qu'il ne s'en offrirait pas de meilleur, je ne songeai plus qu'à hâter sa mise à exécution.

Lorsque je crus avoir bien digéré mes résolutions, avoir pris toutes les précautions que me suggérait la prudence et prévu tous les obstacles, je voulus communiquer mon dessein à celle que j'associais à ma destinée. J'épargnerai au lecteur les folies que l'enthousiasme m'inspira. J'étais sous l'empire d'une exaltation fébrile, qui ne me permettait pas d'écouter la voix de la froide raison ; et cependant, je me trouvais une sagesse admirable et j'interrompais ma lettre pour pousser dee exclamations de joie et sauter dans ma chambre. « Un vaisseau était dans le port tout prêt à nous recevoir, la mer nous berçait sur ses ondes caressantes et bientôt nous abordions dans un nouvel Eden. » Avec quelle joie mon amante allait recevoir cette proposition ! avec quel empressement elle seconderait mes désirs !... Je pris du papier et je me hâtai d'écrire.

Ma lettre était absurde, j'en ai eu la preuve. Pour rendre plus agréable le tableau de notre séjour en Amérique, j'avais pris le voile de l'allégorie. C'était l'Amour qui nous confiait à la Fortune et nous menait par la main sur une terre vierge, parée de fleurs et de fruits.

Oui, j'étais fou, bien fou, car je ne tenais pas compte des réalités de la vie et pourtant je ne songe jamais à ce rêve sans un attendrissement involontaire, rêve de bonheur, qu'une âme jeune et pure pouvait seule concevoir. Non, je ne dois pas regretter de n'avoir pas su plier ma conscience inquiète aux convenances du monde, et je suis presque fier de cette généreuse folie, qui n'acceptait pas les faciles accommodements à l'aide desquels on peut trahir ses devoirs et conserver les apparences de la vertu. . . . .

A deux heures précises j'étais sous les arbres de la place, et tout en feignant de considérer les tendres bourgeons qui gonflaient l'extrémité des rameaux, je glissai sous le banc de pierre une lettre dont j'enviais le sort. Je me retirai sans montrer d'empressement, mais aussi sans éprouver le plus léger sentiment de curiosité. Je m'étais habitué à l'idée du mystère qui m'entourait; je ne songeais plus à le percer. J'attendais tout du temps et de mon amour.

En rentrant, je trouvai le curé rayonnant de joie.

— Mon cher ami, me dit-il, en me sautant au cou, nous sommes sauvés : les alliés ont remporté une grande victoire...... Vive la religion! vive le roi! Tenez, ajouta-t-il en me montrant une lettre à l'adresse de sa gouvernante, lisez ce que m'écrit M. le comte de K.....

Et aussitôt, ouvrant lui-même la lettre, il la lut à haute voix. Cependant, pour être sincère, je dois dire qu'il adoucit un peu cette voix triomphante en remarquant une croisée ouverte sur la rue, et il ne reprit sa lecture d'un ton élevé qu'après que la fenêtre fut bien et dûment close.

Le comte de K...., ancien chef de chouans, écrivait au curé que les alliés, éclairés par leurs intelligences avec l'intérieur, avaient tenté une bataille décisive, comptant bien sur le concours de plusieurs généraux de l'usurpateur. Cette bataille, longtemps disputée par l'audace excessive du tyran et de ses partisans, avait enfin été gagnée. La plaine était couverte de cadavres français, et jamais combat plus glorieux et plus fécond en résultats avantageux n'illustra les armes d'un royaume.

— Hélas! interrompis-je, que la patrie aura de braves à pleurer!...

— Oui, sans doute, me répondit le curé dans son ivresse; mais remarquez bien qu'il paraît que ce sont les Français qui ont laissé le plus de morts sur le champ de bataille.

Et il continua de lire. Le comte de K.... lui

conseillait d'avertir les chefs des révoltés, non-seulement de ne pas abandonner les armes, mais encore d'augmenter leurs forces, parce qu'il était à craindre que l'usurpateur ne se jetât de l'autre côté de la Loire et ne répandît ses partisans dans le pays du Bocage. Il fallait se tenir prêt à achever l'extermination commencée à Waterloo, et consolider ainsi l'autel et le trône.

— Dieu du ciel ! m'écriai-je, quand la lecture fut achevée, comment se peut-il, Monsieur le recteur, que vous qui êtes Français, vous tressailliez de joie au récit des coups affreux qui frappent la nation dans ses enfants ? que vous applaudissiez au triomphe de ces étrangers dont la présence nous rappelle une première humiliation ? Mon Dieu, tout en bénissant le ciel, qui nous rend nos princes légitimes, pleurons la mort de ces hommes, égarés sans doute, mais braves et dévoués, qui sont tombés pour la France. Oui, ajoutai-je, en me laissant entraîner par le sentiment qui me dominait en cet instant, oui, ils sont morts pour la patrie et à la place où ils devaient mourir.

Le recteur était au comble de la stupéfaction, il me regardait d'un air stupide, et la main qui tenait la lettre impie tomba comme s'il eût perdu la force de la soutenir. Dans son prodigieux étonnement, il ne pouvait plus ouvrir la bouche. Une demi-minute s'écoula ainsi. Nous nous regardions comme deux hommes qui se rencontrent et cherchent à se reconnaître sans y parvenir. Le recteur reprit le premier la parole :

—Pardonnez-moi, Monsieur l'abbé, me dit-il, si je me suis trompé sur votre compte. Je vous croyais religieux et royaliste, et j'étais bien loin de penser qu'un impie bonapartiste mangeât et logeât sous le même toît que moi !...

Je ne répondis à ces injures qu'en haussant

les épaules avec mépris, je tournai ensuite le dos au curé, et je sortis. Je sentais que je ne pourrais contenir mon indignation si je restais près de lui et j'aimais mieux fuir l'occasion d'une scène scandaleuse. Lorsque mes sens furent rassis j'adressai à mon patron le billet suivant :

« Monsieur,

« Après la découverte que nous avons faite
« mutuellement, moi que vous n'aviez rien de
« français dans le cœur, vous que je porte des
« sentiments contraires à vos opinions et à vos
« vües, nous ne pouvons plus, vous l'avez dit,
« *ni manger ni habiter ensemble sous le même*
« *toît*, j'ai donc l'honneur de vous prévenir
« que je quitte demain votre maison.

« DANIEL. »

J'appelai Thérèse et je la chargeai de remettre ce billet à son maître. J'étais pourtant curieux de savoir comment il recevrait mon épître. Il y avait tout proche de sa chambre un cabinet noir qui n'en était séparé que par une cloison mal jointe et recouverte d'un papier servant de tapisserie. Je connaissais ce cabinet et sa disposition intérieure, parce que peu de jours après mon arrivée le curé s'étant trouvé assez malade pour qu'on veillât la nuit près de lui, on avait fait coucher quelqu'un dans cette pièce, et je m'étais aperçu à certains propos de Thérèse que de là on avait entendu une conversation tenue à voix assez basse entre le recteur et moi. Sans réfléchir à l'inconvenance de ma démarche je m'introduisis dans ce cabinet, dont la porte s'ouvrait sur l'escalier, et j'y étais installé avant que la gouvernante entrât chez son patron.

Dès qu'elle lui eut remis mon billet elle se retira. Un silence profond régnait dans la chambre ; tout à coup il fut interrompu par une exclamation du curé qui venait sans doute de lire ma lettre.

— Non, non, répétait-il tout haut, ce n'est pas ce qu'il me faut! oh! non M. l'abbé, vous n'y êtes pas...

Au même instant j'entendis le bruit de sa sonnette et immédiatement les pas de Thérèse.

— Allez avertir le vicaire de descendre ici sur-le-champ, lui cria-t-il.

Et tandis qu'elle courait à ma chambre j'étais sur les épines et je me repentais déjà de ma curiosité.

Thérèse revint lui dire que probablement j'étais sorti, car elle ne m'avait pas trouvé chez moi.

— Eh bien! répondit le curé, il faut l'aller chercher.

— Mais où voulez-vous que je le trouve, répliqua Thérèse? On ne sait jamais où il va quand il sort.

La cloche de la cour retentit.

— C'est lui, dit le curé, hâtez-vous d'aller ouvrir.

La gouvernante s'empressa de descendre, et je commençai à respirer. C'était le ciel qui envoyait une visite à mon secours. Peu après, Thérèse annonça madame de X... Cette dame entra en effet presque aussitôt. Je voulus profiter du bruit du fauteuil qu'avançait le curé, et je fis quelques pas vers la porte avec l'intention de sortir. Mais, soit l'effet de mon trouble, soit que j'eusse effectivement refermé cette porte sur moi avec trop de soin, toujours est-il que je ne pus parvenir à l'ouvrir, et force me fut de rester pour ne pas me trahir.

J'étais dans cette position embarrassante lorsque je crus entendre le curé faire jouer la clé dans la serrure. La frayeur s'empara de moi, je n'osais respirer ; mais je me trompais, au lieu d'ouvrir le recteur venait de se renfermer.

Aussitôt s'engagea entre lui et la dame la plus étrange conversation. Quoique je n'en saisisse que quelques lambeaux, je ne pus me méprendre et je tombai dans une nouvelle surprise en entendant succéder aux paroles le bruit d'un baiser.

Une demi-heure après environ, la dame prit congé de son directeur de conscience, et je l'entendis lui dire en sortant :

—Venez dîner lundi à la maison ; mon mari, après avoir causé avec vous, se retirera chez lui. Vous savez qu'il ne reçoit personne le jour de ses correspondances ; ainsi, nous aurons la soirée à nous.

Pendant que le curé reconduisait madame de X..., je sortis enfin de ma cachette. Un mouchoir de batiste était tombé sur l'escalier ; je le ramassai et je regagnai ma chambre en toute hâte. Le mouchoir était marqué de la lettre X et portait une couronne de marquis.

La visite fit probablement oublier au patron l'ordre qu'il avait donné à Thérèse de me chercher, car je restai chez moi sans recevoir l'invitation de descendre. A l'heure du souper, je rejoignis le curé, dont la réception ne fut rien moins que gracieuse. Nous mangeâmes quelque temps en silence ; il est vrai que le curé dévorait ce soir-là ; il but plusieurs coups de vin sans eau, puis m'adressant brusquement la parole, il me demanda si j'avais réfléchi au billet singulier que je lui avais envoyé.

— Avant de répondre à votre question, lui dis-je, permettez-moi, Monsieur, de vous en adresser une. Y avez-vous réfléchi vous-même ?

Il me regarda comme pour deviner ce que je voulais dire en m'exprimant ainsi.

— Apparemment, répondit-il, puisque je vous en parle.

— Eh bien ! répliquai-je à mon tour, moi qui

ai eu plus de temps que vous pour y réfléchir, je persiste.

— Plus que moi... reprit-il. Que signifie cette manière de parler? Sagit-il ici du plus ou moins de temps? et est-ce là me faire une réponse catégorique?

— Vous avez raison en cela, mais mon observation n'en est pas moins parfaitement fondée.

— Vous sortez de la question, l'abbé, répondit le curé de mauvaise humeur. Au surplus, peu importe, et puisque vous êtes assez insensé pour persister dans votre folie, puisque vous ne craignez pas d'irriter un supérieur qui pourrait d'un mot vous enfoncer dans la boue d'où vous êtes sorti, je vous déclare qu'à dater de demain cette maison ne sera plus la vôtre, et que je ferai connaître vos sentiments et votre conduite à Monseigneur.

— A la bonne heure, repris-je en affectant un sang-froid dont au fond je manquais; moi j'irai, en attendant la décision de Monseigneur l'évêque, demander l'hospitalité à M. de X. Nous aurons le plaisir de nous trouver lundi à table ensemble et si je ne vous dérange pas trop, je passerai la soirée avec madame la marquise et vous, tandis que Monsieur ira correspondre avec ses chouans.

La foudre tombant sur la tête du curé n'aurait pas produit un effet plus terrible que mes paroles. Il devint d'une pâleur livide ; ses lèvres tremblaient, et ses yeux égarés me fixaient sans me voir.

Dans ce moment Thérèse vint étourdiment le prévenir que madame de X. envoyait une servante chercher son mouchoir qu'elle avait oublié chez lui.

— Répondez qu'elle se trompe, dis-je à la gouvernante en tirant le mouchoir de ma poche ; madame la marquise l'a laissé tomber sur l'escalier.

Ce fut le coup de grâce. Le curé se laissa glisser sur sa chaise et tomba à la renverse presque suffoqué.

Thérèse accourut et avec elle la servante de madame de X.; nous relevons le recteur et nous l'inondons de vinaigre et d'eau. Bientôt il ouvrit les yeux :

— Hélas ! dit-il en me regardant, que je suis malade et malheureux !

J'étais vraiment chagrin de l'avoir si rudement frappé. J'essayai de le consoler ; mais je remarquai bien vite que ma présence semblait le fatiguer ; et, le laissant aux soins des deux servantes, je m'empressai de sortir, sous le prétexte d'aller chercher un médecin. Je me rendis en effet chez M. D. Le docteur était absent. Je fis alors plusieurs visites et je rentrai à la maison le plus tard possible.

Certes, je ne voulais pas paraître indifférent aux souffrances du curé ; mais je sentais parfaitement qu'il ne pourrait désormais me voir sans déplaisir, et il me répugnait de renouveler sa confusion et peut-être d'aigrir son mal en me retrouvant face à face avec lui.

Quel sujet de réflexion pour moi que l'aventure de mon patron ! Un homme qui jouissait de la meilleure réputation et qui m'avait toujours paru la mériter, un homme dans lequel je n'avais jamais trouvé à blâmer qu'un esprit d'intolérance en désaccord avec mes sentiments personnels, venait de se souiller, pour ainsi dire sous mes yeux, d'un crime que la religion frappe de ses anathêmes, et que les lois humaines punissent de mort, puisqu'elles pardonnent au meurtrier offensé dans son honneur. Il commettait un adultère, et je l'avais entendu lui-même menacer des feux éternels ceux qui s'en rendaient coupables.

J'arrivai bientôt à faire, dans l'intérêt de ma

passion, un rapprochement tout naturel entre sa situation et la mienne.

— Je puis donc aimer, pensais-je ; je puis donc, moi aussi, interroger cette religion qui réserve sans doute de secrets privilèges à ses élus. Pourquoi serais-je plus coupable que mon patron en obéissant aux vœux de la nature ?....

La voix de la gouvernante, qui m'invitait à descendre en toute hâte, vint m'arracher à ces dangereuses pensées. Le curé venait d'être frappé d'une attaque d'apoplexie et semblait sur le point d'expirer.

Tandis que les personnes appelées par Thérèse prodiguaient leurs soins à son maître, j'envoyai chercher le curé d'une paroisse voisine : l'état du malade empirait, et les assistants craignaient qu'il ne mourût avant d'avoir reçu les derniers sacrements. Je ne voulus pas, dans les dispositions d'esprit où je me trouvais, les lui administrer moi-même. Il me semblait que c'eût été une sorte de sacrilége.

Enfin, l'ecclésiastique demandé arriva. J'assistai à la cérémonie avec une âme navrée de douleur. Je prévoyais la fin prochaine du curé et je me reprochais sa mort. Nous passâmes une partie de la nuit auprès de lui. Peu à peu, la teinte sombre des objets qui m'entouraient se refléta sur mon âme, la tristesse m'envahit et je tombai dans un profond accablement. Les habitudes du passé, mes croyances que le doute n'avaient pu détruire, l'aspect d'un lit de mort environné du deuil de la religion ranimèrent mes scrupules et éveillèrent mes remords endormis.

Le lendemain, le curé n'allait pas mieux ; il ne pouvait regarder personne sans pleurer, et son médecin n'était pas satisfait de ce symptôme. J'entrai dans la chambre du malade ; il ne parut pas faire attention à moi : il est vrai que j'évitai de me mettre en évidence.

Je ne le visitais que par bienséance, car sa vue me désolait.

XI

Cependant, les nouvelles les plus contradictoires circulaient dans la ville : les uns affirmaient que l'armée française avait culbuté les ennemis, et que Napoléon, après un combat de plusieurs jours, était resté vainqueur des Anglais et des Prussiens. Ce bruit s'accréditait, car il semblait que rien ne devait être impossible à l'empereur ; les autres se disaient à l'oreille que les alliés allaient entrer dans Paris et que l'usurpateur, écrasé, était désormais sans ressources. Trois mille soldats environ se trouvaient en ce moment à..... C'étaient de vieilles troupes pleines d'honneur et de courage, pour lesquelles le drapeau tricolore représentait la patrie et sa gloire. Elles défilèrent sous mes fenêtres en se rendant sur la place publique. Leur contenance était mâle et digne ; mais, à l'air morne et rêveur des officiers, on devinait qu'une fâcheuse nouvelle avait attristé leurs âmes sans abattre leur courage. J'admirais leur marche militaire, leur tenue martiale, le silence et l'ordre qui régnaient dans leurs rangs, lorsque je vis un homme en face de moi qui me regardait de manière à attirer mon attention ; lorsqu'il crut que je l'avais remarqué, il s'approcha du portail, léva encore les yeux vers moi, et, saisissant le cordon de la sonnette, le tira avec force. J'aperçus une lettre dans les mains de l'inconnu, et je me trouvai avant

Thérèse à la porte de la maison. Au moment où je l'ouvrais, un billet tomba à mes pieds sans que je visse personne. Je le ramassai avec empressement. C'était une réponse à ma dernière lettre. La voici :

« Vos rêves, Monsieur, sont plus suivis que « les miens et pourraient paraître étudiés et « mis en ordre avec soin. Mettons-les de côté ; « je hais les détours et n'estime guère l'allégo- « gorie.

« N'eût-il pas été plus raisonnable (je devrais « me servir d'un autre mot) de me dire franche- « ment : « Nous nous aimons ; je suis lié par « des vœux que je ne puis rompre dans cette « partie du monde ; mais il y a par-delà les « mers une terre peuplée d'hommes qui n'y re- « gardent pas de si près, allons nous y aimer « et y vivre heureux. » Alors vous auriez pu « tout à votre aise me faire une description « charmante des bords de vos fleuves, de ce

« pays vierge des préjugés européens, sans
« parler du tomahawk du Huron et de l'Iro-
« quois, et de ce petit couteau dont ils se ser-
« vent si prestement pour enlever les chevelu-
« res. Il ne fallait pas vous mettre en frais d'i-
« magination pour me montrer en perspective
« toutes les joies, toutes les félicités... Ne vous
« suffisait-il pas de me dire : « Nous vivrons
« sous le même toît; nous nous asseoirons à la
« même table ; nous pourrons nous voir, nous
« parler sans contrainte, vivre l'un pour l'au-
« tre et oublier dans ce coin reculé le reste du
« monde. » Voilà comment vous deviez me
« parler ; voilà le bonheur qu'il fallait m'offrir.
« Pourquoi donc ce rêve et cette allégorie?....
« Vous ne savez donc pas que le cœur d'une
« femme n'a pas besoin que des ruses oratoires
« et des figures de rhéthorique viennent solli-
« citer sa faiblesse! Tout ce que vous m'avez
« écrit me paraît apprêté ; j'en ai souffert pour

« vous; moi qui vous confie mes pensées
« comme elles me viennent, sans souci de la
« forme que je leur donne, sans avoir d'autre
« but que de vous dire et de vous répéter que
« je vous aime.

« Ne me parlez plus ce langage, je vous en
« prie ; je ne puis entendre que celui du cœur;
« c'est par là que je vis tout entière ; le reste ne
« m'est rien.

« J'avais emporté de notre entrevue de si dé-
« licieuses pensées, l'illusion d'un bonheur si
« enivrant, que, bien loin de songer à l'avenir,
« j'oubliais même le passé. Croyez-vous que je
« me sois occupée de la robe qui vous couvre et
« des liens qui vous attachent? pensez-vous
« que votre aspect matériel ait été pour quel-
« que chose dans cette jouissance toute intel-
« lectuelle ? Il n'y avait pour moi que deux
« âmes étroitement unies, se baignant dans les
« mêmes délices, s'enivrant à la même coupe ;

« deux âmes confondues dans l'unique pensée « d'un amour mutuel.... Jugez combien de pa- « reils rêves sont loin de vos rêves terrestres, « combien vos calculs sont étrangers à l'objet « de ma contemplation, et quel amer désap- « pointement m'a causé la lecture de quelques « passages de votre lettre ?

« Si je ne me rappelais l'homme que j'ai vu « naguère, je crois que j'aurais le courage de « renoncer à vous, de vous éviter et de séparer « votre existence de la mienne ; mais ce sou- « venir vit dans mon cœur, il y alimente un « feu qui me consume délicieusement, et il « me serait plus facile de sacrifier ma vie que « de cesser de croire que vous êtes bien le « même que celui que j'ai entendu, du haut de « la chaire, révéler aux fidèles les jouissances « ineffables de l'amour divin. Voilà le langage « qui m'a ravie, qui vous a livré mon âme et « qui vous garantit mon éternelle tendresse.

« Ce que j'ai senti en votre présence m'a fait
« comprendre combien il est dangereux de
« laisser prendre le plus petit empire à nos
« sens. A dater de ce moment, je me suis oc-
« cupée tout entière à les dompter pour ne
« laisser parler que l'âme dégagée de ces liens
« grossiers qui la dépriment et l'empêchent de
« s'élever dans les régions éthérées sur les
« ailes du pur amour.

« Minuit sonne, ma lumière touche à sa fin.
« Adieu, le plus aimé des hommes ; unissons
« nos cœurs, et n'oublions jamais que les bru-
« tales satisfactions de la chair peuvent seules
« mettre un terme à notre bonheur. Adieu. »

En pensant que c'était ma dernière lettre, cette lettre dans laquelle j'avais mis tout mon cœur, qui avait opéré ce désenchantement, j'éprouvai d'abord une impression pénible. Je m'accusais d'avoir perdu par ma faute un amour qui, tout étrange qu'il me parût, n'en occupait pas moins exclusivement ma pensée; mais, en réfléchissant davantage, je crus deviner que j'étais le jouet d'une coquette et mon amour-propre offensé reprenant le dessus, me donna la force d'arracher de mon âme le sentiment qui l'avait envahie. Il me sembla que j'étais guéri; cependant je sentais un grand vide.

A cette heure d'angoisses, la douce et mélancolique image de Marguerite s'offrit à mon cœur malheureux, comme un remords et comme une consolation tout à la fois... Je l'avais oubliée cet enfant dont l'attachement était si simple et si vrai; une autre avait pu prendre sa place et pourtant je savais qu'elle était morte, la pauvre Marguerite, pour m'avoir aimé. Que de fois j'avais juré de lui conserver un attachement inviolable et, sans respect pour mes serments, j'avais aimé depuis!.. et quelle femme, mon Dieu!

Le souvenir du passé me rendit le courage,

et j'aurais été sauvé peut-être si j'eusse pu épancher mes chagrins dans un cœur ami. Mais c'est là un des malheurs du prêtre, de n'avoir jamais personne à qui oser se confier.

Tout à coup la maison retentit de cris plaintifs; le curé venait de trépasser. Je devais m'y attendre et cependant, je restai immobile comme si j'eusse été foudroyé; un frisson glacial parcourut mes veines et mes yeux se remplirent de larmes. Un jeune ecclésiastique qui se trouvait là avec plusieurs autres prêtres vint à moi et m'aida à remonter dans ma chambre: j'avais réellement besoin de son secours; ma conscience m'accablait de reproches: je me regardais comme le bourreau de mon malheureux patron.

Le curé de la paroisse de Saint-S. entra chez moi et, sans faire attention à mes larmes qu'il attribuait sans doute à mon attachement pour le défunt curé, il me prit à l'écart et me dit:

— On va bientôt apposer les scellés sur les meubles et sur les effets du mort : savez-vous où il cachait sa correspondance.

Je lui indiquai un meuble dans lequel j'avais vu plusieurs fois le recteur renfermer des papiers. Aussitôt le curé de Saint-S. m'entraîna dans la chambre de son confrère, se fit remettre les clés par Thérèse et tira de l'armoire cachée dans le mur que je lui avais désignée une liasse de papiers et plusieurs boîtes fermant à clé. Nous les emportâmes dans ma chambre, avec la crainte d'être surpris par le magistrat chargé des formalités usitées en pareil cas. Ce fonctionnaire ne tarda pas en effet à arriver au presbytère. Le curé de Saint-S. était fort embarrassé.

— Où pourrions-nous cacher tous ces papiers et tous ces coffres, me demanda-t-il, jusqu'à ce que j'aie eu le temps d'en prendre connaissance ?

— Je l'ignore, répondis-je.

Le curé descendit alors dans le jardin avec les paperasses et un instant après, il revint me chercher.

— Vous êtes trop désolé pour rester plus longtemps ici, me dit-il d'un air d'intérêt.

Et il m'emmena chez lui. Je ne fus pas sa dupe : il tenait à s'assurer de ma discrétion et ne voulait pas m'exposer aux questions que le magistrat ne manquerait pas de m'adresser et au serment qu'on exigerait de moi pour que j'eusse à déclarer si je n'avais rien vu enlever ni détourner.

Nous passâmes une partie de la nuit à parcourir les papiers du défunt. Ils se composaient notamment d'une volumineuse correspondance avec d'anciens émigrés et des chefs de chouans, qui remontait à une époque antérieure à la première restauration. Le nom de la comtesse chez laquelle j'avais habité en qualité de précepteur était souvent répété dans ces lettres et je compris pourquoi j'avais été placé sous la surveillance spéciale du patron que je venais de perdre.

Je croyais de bonne foi que c'était précisément la portion des papiers ayant trait à la politique qui intéressait le curé de Saint-S. Je me trompais. Il brûla, il est vrai, tout ce qui touchait aux intrigues du temps ; mais il avait bien d'autres soucis. Tout à coup, en effet, je l'entendis pousser une exclamation en ouvrant un petit papier enveloppé dans une feuille de parchemin. Il s'éloigna de moi et parcourut le papier avec une émotion visible : ses mains tremblaient et ses joues devinrent affreusement pâles. Cela dura peu ; le sang lui rendit bientôt ses couleurs, et un sourire de satisfaction mal réprimé glissa sur ses lèvres. Il froissa le papier entre ses doigts, puis il le brûla lentement à la flamme de la bougie.

Ce papier dont les cendres s'envolèrent et disparurent était tout simplement, ainsi que je l'ai appris bien des années plus tard, une obligation de 9,540 francs souscrite par mon hôte au défunt curé, qui lui avait prêté cette somme pour acheter une propriété près de Saint-Servan.

Le curé de Saint-S. avait atteint son but; aussi acheva-t-il assez négligemment avec moi la revue des papiers.

Je n'hésite jamais à m'accuser de fautes que je pourrais dissimuler, j'ai donc le droit de dire aux autres la vérité. Je le déclare consciencieusement, l'examen que je fis malgré moi des titres de propriété du défunt me donna la certitude que les biens qu'il laissait à ses héritiers n'avaient pas tous une origine avouée par la probité. Ainsi je trouvai plusieurs modèles de testaments écrits de la main du curé et la copie du dernier, qui avait été fait, à ma connaissance, en sa faveur, était encore dans l'une de ses cassettes.

— Le cher homme, me dit mon hôte, s'y entendait mieux que qui que ce soit; il est fâcheux que de si beaux biens ne restent pas à l'église : entre nous, vous savez ce que j'entends par là.

— Puisque nous avons vu les papiers, achevons de visiter le reste, dis-je à mon tour; voici encore deux petites boîtes...

Le curé les souleva :

— Il est un peu tard, me répondit-il, il vaudrait mieux aller nous reposer ; demain nous aurons le temps de les examiner avant l'enterrement.

— Mais, répliquai-je, que comptez-vous en faire, en supposant qu'elles renferment de l'argent ou des billets?

Il me regarda dans les yeux et se prit à rire.

Je commençais à deviner; je restai sérieux.

— Ce que je compte en faire ?... répéta-t-il en voyant que je ne le perdais pas de vue ; mais les employer, pour la plus grande gloire de Dieu, au soutien de la religion dans ces temps difficiles.

— Monsieur le curé, repris-je avec fermeté, vous ne pouvez mieux agir pour la gloire de Dieu qu'en rendant à César ce qui appartient à César : ceci est la propriété des héritiers du défunt....

Je désignais les deux boîtes du doigt.

— Vous avez raison, me dit-il après un instant de réflexion, ouvrons-les ce soir.

Dans la première, nous trouvâmes des cocardes blanches, des rosaires, des bagues en cuivre et plusieurs autres petits objets de dévotion pareils à ceux que j'ai vu vendre depuis aux missionnaires. Il y avait, en outre, au fond de la boîte, une proclamation du roi Louis XVIII.

L'autre boîte était mieux fermée, et le curé ne l'ouvrit qu'avec une certaine peine; elle était remplie de petits papiers pliés comme ceux qui enveloppent les drogues en poudre des apothicaires.

Le curé de S... enfonça sa main au milieu des papiers : il n'y avait rien autre chose.

— Votre patron avait là une singulière marchandise, me dit-il en souriant; je suis curieux de savoir ce que ce peut être.

Le premier paquet qu'il ouvrit contenait une assez grande quantité d'une poudre blanche et fine; il la considéra attentivement et je le vis changer de visage. Dans ce moment, il rencontra mes yeux et parut un peu gêné. Cependant, il replia le papier, essuya soigneusement le doigt avec lequel il avait remué la poudre et me dit avec une froideur apparente :

— C'est de la mort aux rats.

La boîte fut renfermée et remise sur la table ; mais j'avais eu le temps de lire sur un autre paquet le mot *opium*, écrit en grosses lettres.

Il m'est encore impossible, au moment où j'écris, de dire dans quel but le curé s'était procuré cette boîte ; je ne m'explique pas davantage le besoin qu'il en avait ; seulement, à en juger par la quantité de poudre qu'elle contenait, il est permis de supposer qu'il comptait en faire un usage fréquent et multiplié.

Je ne parlerai point de l'enterrement de mon défunt patron et de l'invitation officielle que je reçus de rester à mon poste jusqu'à nouvel ordre ; je demande même la permission de m'oublier un instant pour raconter les faits qui se passèrent sous mes yeux sans que j'y prisse part. L'impression qu'ils produisirent sur moi fut assez forte pour que douze années * ne

* Toute cette première partie des *Mémoires* a été écrite en 1827, ainsi que nous avons eu déjà occasion de le dire.

l'aient pas affaiblie. Quelle leçon je reçus! quels mépris s'accumulèrent dans mon âme! et que de motifs, moi qui me sentais déchu dans ma propre estime, sans oser me l'avouer, je crus avoir de m'estimer encore, en me comparant aux hommes qui m'entouraient.

La nouvelle officielle de la défaite de Bonaparte nous était parvenue ; dans la même journée les autorités avaient été remplacées, puis ignominieusement chassées. De toute part, une foule d'hommes inconnus couraient les rues, d'énormes cocardes blanches à leurs chapeaux. Des femmes ignobles erraient au hasard, en chantant des chansons insultantes pour les bonapartistes et en injuriant ceux d'entre eux qu'elles rencontraient. Les moins imprudents se tenaient renfermés chez eux, avec la crainte fondée de devenir victimes d'une bande en guenilles et portant un drapeau blanc, que la nouvelle administration avait lâchée par la ville. Sur l'ordre du commandant de la garnison, les soldats, qu'il ne contenait qu'avec peine, restaient consignés : tous voulaient avoir raison des outrages et des bravades de quelques individus, qui se montraient aussi hardis, depuis que la ruine de l'empereur était certaine, qu'ils avaient été lâches et timides lorsqu'il restait encore une chance favorable aux patriotes.

Des drapeaux furent arborés à quelques fenêtres ; les pierres de la canaille royaliste contraignirent les citoyens d'en arborer partout. Les promeneurs affluaient dans les rues, mais tous les visages n'étaient pas gais, tant s'en faut. La ville ressemblait à une taverne dont la moitié des buveurs sont ivres.

Au milieu de ces extravagances, une classe d'hommes se distinguait particulièrement par son ridicule excessif et sa bouffonne vanité. Les vieux seigneurs parurent en public avec leurs habits de 88 et de longues épées qui s'embarrassaient dans leurs jambes grêles et tremblantes. Jamais on ne vit en un jour tant de têtes poudrées et tant de mèches de cheveux liés par un ruban s'agiter sur de si vénérables échines ! Les rubans blancs, les croix de Saint-Louis, les lys étaient mis en grande évidence.

Dégagé de tout esprit de parti, je voyais les choses telles qu'elles étaient. D'un côté, une génération vigoureuse encore, pleine d'avenir, abattue par l'une de ces catastrophes immenses qui ne trouvent pas de contre-poids dans le courage des nations ; de l'autre, les lambeaux grotesques d'une race qu'un souffle avait suffi pour chasser du faite de la puissance, après quatorze siècles de possession paisible et incontestée. N'était-ce pas pitié?....

Tout-à-coup un roulement se fit entendre dans les casernes et retentit jusque dans les rues, qui en un instant devinrent presque désertes, et les vieux preux ne furent pas des derniers à regagner à grands pas leurs demeures : le son du tambour les faisait encore trembler.

Les troupes, le sac sur le dos, la baïonnette au bout du fusil, l'arme au bras et le drapeau tricolore déployé, sortirent des casernes sur six de front et tambour battant. Jamais je n'ai vu de mines plus fières et d'airs plus déterminés. Arrivés sur la place publique, les soldats plantèrent leur drapeau et l'entourèrent d'un cercle silencieux. Le chef était au centre ; il tint un instant conseil avec les officiers, parla quelques minutes aux troupes, puis on se remit en marche dans le même ordre ; mais les visages semblaient plus sombres. Sur leur passage, un homme ivre, sans doute, cria : *Vivent les alliés!* Les soldats s'arrêtèrent brusquement et cent fusils couchèrent en joue la fenêtre d'où le cri venait de partir.

— Camarades, en avant, nous sommes en France ! s'écria un officier.

La troupe reprit le pas de charge et évacua la ville dont s'emparèrent de nouveau les hommes poudrés et à longues rapières.

Ce n'était là que le prélude de la comédie qui se préparait. Le chef des chouans, à la tête d'un état-major à faire rougir même un chef de brigands, — quoiqu'il se composât pour partie de bon nombre de braves gentilshommes qui s'étaient tenus fort tranquilles dans leurs châteaux pendant les Cent-Jours, de peur de se compromettre, — le chef fit son entrée triomphale dans une ville dont il n'avait jamais osé s'approcher à plus d'une lieue et fut reçu par les gens de la haute noblesse, leurs valets, les intrigants et le reste.

Les couronnes de laurier pleuvaient sur des gens que la fumée d'une amorce mettait naguère en fuite et qui sans rien faire pour la cause royaliste avaient trouvé commode de vagabonder et de vivre aux dépens des paysans, à la suite d'un chef que des poursuites judiciaires privaient d'asile. Ce ramassis de fainéants sans aveu fut logé chez le bourgeois et voulut y trancher du vainqueur...

J'ai presque honte de raconter de telles choses lorsque je songe qu'elles se sont passées dans mon pays et que les acteurs de ces turpitudes étaient des hommes pour lesquels il m'est cruel de professer du mépris. Mais, hélas! en ces jours de discorde et de réaction l'écume monte à la surface de la société et c'est alors que brillent les Trestaillons!...

Je n'avais jamais aimé Bonaparte : la vue des faits et les réflexions qu'ils me suggérèrent me rendirent son partisan....

XII

Depuis deux jours j'habitais le presbytère attendant le successeur, déjà nommé, du curé et m'occupant beaucoup plus du spectacle dont j'étais le témoin que de l'arrivée de mon nouveau patron.

Je n'avais point répondu à la dernière lettre que j'avais reçue. Les scènes douloureuses qui s'étaient si rapidement succédé m'avaient arraché à la pensée exclusive de ma passion : je me trouvais plus calme et mieux en état d'écouter la voix de la raison.

J'écrivis alors à ce vieil ami de Bretagne dont les conseils m'avaient été si utiles au moment où je fus ordonné prêtre. Je lui confiai la plupart de mes secrets; mais je n'osai laisser partir ma lettre par la poste : toutes les dépêches étaient décachetées. Le moyen qui me parut le plus sûr fut de lui envoyer la mienne sans signature et datée d'une ville voisine où je la fis mettre à la poste. La réponse devait être adressée à Rennes où je l'enverrais prendre. Après avoir enfin expédié ma lettre, je me sentis plus à l'aise comme si je venais d'accomplir un devoir. C'était, me semblait-il, un premier pas dans la bonne voie, et ma conscience me pesait moins que de coutume.

Dans mon oisiveté j'eus le temps de me recueillir, et en pesant toutes les circonstances de mon intrigue je fus amené à penser que la personne dont je m'étais épris si singulièrement voulait sans doute m'entraîner dans une liaison du genre de celle qui avait été si fatale au défunt curé. A cette pensée, j'éprouvai un sentiment de terreur.

J'avais eu, il est vrai, la faiblesse peut-être excusable à mon âge de me laisser aller sur la pente de la passion, de fermer les yeux et de suivre aveuglément mon dangereux guide, mais l'idée d'un commerce criminel me répugnait et n'aurait pas trouvé en moi un cœur façonné par la fréquentation des hommes à la plus honteuse corruption. Aimer, épancher mon âme, la soulager de ce trop plein de tendresse qui cherchait vainement une issue au-dehors, tels étaient les seuls mobiles de ma conduite, tels étaient les entraînements auxquels je ne me sentais pas la force de résister; mais consentir volontairement à me plonger dans le vice, non je ne m'y serais jamais résolu. Je l'ai dit : mon âme n'était pas encore préparée à ce degré d'avilissement.

En même temps la fréquentation de mes confrères, le passé et les souvenirs qu'il réveillait en moi, achevaient de me dégoûter complètement de l'état ecclésiastique. Je m'occupai plus sérieusement que jamais de changer ma situation. Mon imagination travailla longtemps, mais il ne s'offrit à mon esprit rien de praticable. Je manquais de la plus mince fortune, il fallait que l'industrie suppléât à la pauvreté et je ne savais aucun métier. Je pris tellement à cœur de vaincre ces difficultés que je m'en occupai nuit et jour, heureux de combattre des agitations d'un autre genre par l'activité de mes recherches. Depuis l'état le plus humble jusqu'aux arts mécaniques qui exigent pour être exercés des études et une longue pratique, je les examinai tous, cherchant celui qui pourrait me fournir le pain et le vêtement.

Hélas ! je ne tardai pas à me courber sous la conscience de mon impuissance, et l'énergie qu'une nécessité urgente aurait peut-être développée en moi me fit défaut.

J'étais pourtant bien déterminé à quitter une profession que je méprisais dans ses ministres, confondant ainsi, bien à tort, l'homme et le principe. Plusieurs jours se passèrent dans ces combats. Je dis combats, car mon cœur éprouva souvent de rudes assauts, et plus d'une fois j'eus à lutter contre les douces et dangereuses pensées vers lesquelles il me dirigeait malgré moi. Pendant ce temps, je ne sortis presque pas. Ma santé, déjà altérée, avait fini par devenir très mauvaise ; je souffrais réellement beaucoup.

Le jour où mon nouveau patron devait arriver, j'en fus averti par le curé de Saint-S. qui était l'un de ses amis. Il voulut m'emmener avec lui sur la route avec plusieurs autres prêtres. Je le suivais à contre-cœur : depuis les bacchanales dont j'ai parlé, les hommes m'inspiraient un invincible dégoût; je craignais toujours de rencontrer les bandes de ces forcenés qui profanaient, aux yeux des royalistes honnêtes, le drapeau des Bourbons. Il m'eut été odieux de trouver sur mon chemin ces vieillards, qui me semblaient estimables avant de les avoir vus sottement fanfarons se métamorphoser en héros et monter sur des échasses, parce que cinq ou six cent mille étrangers avaient humilié le pays. Je n'avais pas encore étudié dans l'histoire le siècle passé, mais ces débris ridicules, orgueilleux et extravagants me le faisaient déjà haïr. Au surplus, les gens de ma robe, à force de s'identifier avec la noblesse étaient arrivés, de leur côté, à se croire d'aussi bonne race que les gentilshommes à parchemin et, à leur compte, une soutane et un petit collet valaient pour le moins trois ou quatre quartiers.—Ici et là, même vanité, s'appuyant sur d'égales misères.

J'allai donc, bon gré mal gré, au-devant de mon nouveau curé, et je ne me trouvai à l'aise que lorsque je fus en plein champ.

La ville n'était pas encore sortie de ses orgies. Les héros chouans, devenus commensaux des bourgeois les plus aisés, se délassaient de leurs victoires en assistant plus régulièrement aux festins inaccoutumés que leur valait la restauration du trône, qu'aux exercices guerriers qu'ils faisaient chaque jour sur la place publique, pour se familiariser avec le maniement du fusil. On ne rencontrait dans les rues que ces misérables, et pendant que je pouvais à peine dissimuler ma répugnance pour cette lie de la population, mes compagnons s'en montraient tout fiers et la contemplaient avec orgueil.

On m'accuserait d'avoir un parti pris de dénigrement si je rapportais ici la moitié des propos que j'entendis tenir à mes collègues pendant notre promenade.

C'est qu'il faut le dire, quoi qu'il m'en coûte: à quelques exceptions près, la classe la plus ignorante de la société, la plus présomptueuse, celle qui réfléchit le moins à ce qui se passe autour d'elle, est sans contredit la classe des prêtres. Je n'accuse pas les individus; je respecte la masse honnête; je condamne seulement le système qui engendre d'aussi déplorables résultats. La vérité est que nous ne savons rien, que nous n'apprenons rien et que notre éducation ne nous met pas même en état de profiter des leçons de l'expérience. Jamais le corps sacerdotal ne suit le mouvement imprimé à la masse; au contraire, il lui fait le plus souvent obstacle et essaie de l'entraver. N'appartenant à la société ni par les liens du mariage ni par ceux de la paternité, il ne lui apporte non plus ni le concours de ses talents ni ceux de son travail. . . . .

. . . .

. . . .

La révolution avait réduit à néant le clergé : il était, disait-il, nu comme la main.... Ouvrez le Bulletin des Lois, comptez de combien il s'enrichit par an, par mois, par jour ; énumérez les dons, les testaments, les collectes, et calculez combien de familles pauvres vivraient de ses richesses ; jetez les yeux en avant, et dites-moi où cela s'arrêtera*. . . . .

. . . .

Ne vaudrait-il pas mieux donner des épouses à ces hommes oisifs, les attacher au sol par les besoins, à la société par la communauté d'intérêts, et surtout et avant tout les affranchir de la

* En cet endroit, l'auteur, prévoyant ce qui s'est passé en 1830, établissait que l'action du clergé, à l'époque où il écrivait (1827), aurait pour résultat d'amener une crise préparée de longue main par les jésuites. Il y joignait d'autres réflexions qu'il ne nous a pas semblé opportun de reproduire dans toute leur énergique naïveté. (*Note de l'éditeur.*)

dépendance d'une cour étrangère ? Qu'est-ce donc que cette organisation exceptionnelle qui donne à certains hommes deux gouvernements, et comment admettre que les Français relèvent d'un prince italien ? Est-il donc deux France, ou bien serait-ce que le clergé catholique n'a pas de patrie ? . . . .

. . . .

Le nouveau curé arriva dans une voiture escortée de plusieurs ecclésiastiques. Il était assis à côté de la marquise de...., qui l'avait été chercher en grande pompe. Tout l'équipage, chevaux et postillons, était paré de cocardes et de rubans blancs : c'était, à cette époque, la livrée générale. L'entrée du pasteur fut solennelle. Les grotesques personnages que j'avais vus figurer naguère dans les rues en vaillants champions de la monarchie reparurent en scène dans le même accoutrement, et au moment où le curé descendait de voiture, il reçut les félicitations des vieux gentilshommes rayonnants de la gloire des alliés et de l'avilissement de la nation.

Je me tenais à l'écart : cette ovation ridicule me soulevait le cœur. Assis sur une borne devant la mairie, au milieu de la cohue, je suivais attentivement des yeux les mouvements de ces nobles personnages, qui parlaient de la protection visible de Dieu pour la France, protection qui se traduisait en cinq cent mille ennemis à nourrir et à payer. Quelqu'un me froissa rudement en passant derrière moi ; je me retournai avec vivacité ; une lettre était à mes pieds et le porteur avait disparu dans la foule.

L'avouerai-je? en dépit de mes bonnes résolutions, je ramassai le billet sans hésiter. Le spectacle qui captivait un instant auparavant mon attention me devint indifférent ; je m'esquivai, et j'allai patiemment attendre au presbytère mon curé, qui m'avait à peine entrevu.

La lettre qui venait de me parvenir par un de ces moyens étranges familiers à mon inconnue, était conçue en ces termes :

« Les embarras, les peines qui ont pu vous « accabler depuis quelque temps ne vous « excusent point à mes yeux du long retard « que vous mettez à m'écrire. Convenez-en, « ma dernière lettre vous a piqué, et vous « voulez me punir d'avoir voulu savoir si j'a- « vais quelque empire sur vous. Probablement « n'aurais-je pas tenté cet essai, si, au lieu « d'employer la fiction et de procéder par in- « sinuation vis-à-vis de moi, vous m'eussiez « tout simplement exposé vos projets ; mais ne « revenons pas sur ce sujet, et laissons de côté « cette pierre d'achoppement...

« M'aimez-vous réellement ?

« Puis-je compter sur la durée de votre af- « fection ?

« Vous sentez-vous la force de supporter « quelques épreuves pour l'amour de moi ?

« Répondez nettement à ces trois questions, « après y avoir mûrement réfléchi ; rejetez de « vos projets ce qu'ils ont de romanesque, et « alors communiquez-les moi sans fard et sans « détours.

« Je vous donne l'exemple de la franchise.

« Après avoir lu votre lettre, je vis claire- « ment le but où vous tendiez, et j'en fus blessée. « Je voulais vous adresser une réponse sévère « et vous témoigner combien une pareille pro- « position vous faisait perdre dans mon estime. « Mon ton était ironique au début, je l'avoue ; « mais mon cœur reprit bien vite le dessus, et « l'indignation et l'amertume firent place à la « tendresse. Je crus concilier l'amour et le « devoir en m'entourant de rêveries spiritua- « listes qui ne durèrent tout juste que le temps « d'achever et d'envoyer ma réponse. J'atten-

« dais la vôtre avec anxiété. Je sentais que je « ne vous avais pas dit ce que je voulais vous « dire, et que vous ne seriez pas content de « moi. Huit jours s'écoulèrent ainsi. Je me « rendais assiduement au banc des ormeaux, « toujours en vain, hélas! J'appris vos em« barras ; je me plus à les exagérer pour trou« ver une excuse à votre silence; mais j'éprou« vais malgré moi les plus fâcheux pressenti« ments...

« Je vous ai suivi en vingt endroits, j'ai « examiné votre attitude, expliqué vos démar« ches : partout j'étais absente de votre pen« sée...

« Je suis abandonnée, me disais-je en fon« dant en larmes ; ma fatale lettre a suffi pour « rompre le charme : il ne m'aimait donc pas... « Cependant mon amour avait puisé une nou« velle force dans la vue de vos chagrins, et il « me conseillait de vous écrire et de vous sa-

« crifier mon amour-propre de femme. Oh!
« c'est alors surtout que je me suis su bon
« gré de n'avoir pas soulevé le voile qui me
« couvre, et d'être restée enveloppée dans un
« mystère qui me permet de pleurer et de me
« plaindre sans avoir à rougir devant vous.

« J'ai bien sondé mon âme : elle est mor-
« tellement blessée, et désormais je ne puis
« concevoir d'existence possible qu'en vous
« aimant. Je me sens morte pour les affections
« de la terre, si vous vous séparez de moi.

« Une idée affreuse, insupportable s'est of-
« ferte à mon esprit... il est jeune, aimant;
« s'il m'abandonne, une autre moins exigeante,
« moins bizarre que moi saura l'attirer, méri-
« ter son amour, et peut-être la verrai-je maî-
« tresse de ce cœur que j'ai perdu... Je n'ose
« m'arrêter à cette pensée; je n'y veux pas
« croire. N'est-il pas vrai que vous m'aimerez,
« que vous m'écrirez encore? J'attends une

« réponse sincère, et je l'attends avec l'impa-
« tience d'une femme dévorée d'inquiétudes et
« de doutes.

« Je finis, et pourtant je ne vous ai pas parlé du sujet dont je m'étais promis de vous entretenir. J'avais des projets à vous confier, un but à vous indiquer, bien d'autres questions à vous faire... mais lorsque je vous écris, il m'est impossible de commander à ma volonté et de savoir où je vais et ce que je voulais dire : votre pensée m'absorbe, et j'oublie tout le reste. A bientôt. »

Cette lettre me surprenait dans un moment où le dégoût que m'inspiraient les bassesses dont je venais d'être le témoin, en m'éloignant des hommes, me faisait plus vivement sentir le besoin de parler à cœur ouvert à quelqu'un qui m'aimât et que je pusse aimer. Il y avait en moi une soif insatiable d'affection, et c'était à mes yeux un incomparable bonheur de savoir qu'au milieu de ce monde où je vivais dans l'isolement, existait un être, une femme dont la tendresse m'était acquise...

Je n'essaierai ni de dissimuler ni de justifier l'impression que j'éprouvai ; je retombai dans mon premier égarement, je m'y complus et je repoussai loin de moi la pensée de m'y soustraire. Ma destinée m'entraînait. Je m'abandonnai pieds et poings liés au moment présent sans m'occuper de l'avenir, sans songer au passé. Les passions aveuglent et personne moins que moi n'échappa à l'influence de celle qui me dominait. La pensée que j'étais véritablement aimé me pénétrait jusque dans les plus intimes replis de l'âme, et il me semblait qu'une existence nouvelle s'ouvrait devant moi.

L'arrivée du curé vint bien mal à propos m'arracher à ces douces et énervantes sensations. Je parus bête à mon patron : il ne voyait de moi que le corps : l'esprit était ailleurs. Au surplus, ma contenance froide et réservée devait déplaire, je le confesse, à un homme gâté par les flatteries toutes récentes de gens merveilleusement habiles dans l'art de faire des révérences et de parler d'un attachement qu'ils simulent d'autant mieux que leur cœur reste vide et sec.

Le maire entra fort à propos pour rompre notre embarrassant tête-à-tête. Il nous invita à dîner ; je ne pouvais refuser et j'assistai à toutes les folies des convives, non-seulement sans y prendre part, mais même sans être en état de les remarquer. On me fit grâce de la soirée et je me trouvai bien heureux lorsque je pus enfin respirer à l'aise derrière les verroux de ma chambre.

Le ciel était calme et pur : les rayons du soleil couchant glissaient leurs traits de flammes à travers la cime des grands arbres et venaient mourir en pluie d'or sur mes rideaux. Un rossignol s'éveillait au fond du jardin. Je m'accoudai rêveur sur la fenêtre et mon regard embrassa l'immense horizon qui s'étendait sous mes yeux. Partout autour de moi mon cœur trouva un écho; tout était amour : l'oiseau qui chantait, la fleur qui exhalait ses parfums, jusqu'au soleil qui envoyait ses derniers reflets à la terre comme un adieu plein de tendresse... Oh! que de fois j'ai songé au bonheur de contempler la nature silencieuse et recueillie, à l'heure où vient le soir, près d'une femme aimée, son bras serré contre mon cœur et sa main dans la mienne... Illusions menteuses, espérances décevantes, félicité impossible que chassait de son souffle aride la froide réalité... Cependant la nuit étendait son crêpe immense au firmament et je me sentis peu à peu envahir par la mélancolie...

Le curé rentra tard. Il était accompagné, et je pus reconnaître à la lueur des flambeaux les hommes avec lesquels mon défunt patron tenait de si fréquents conciliabules avant l'entrée des ennemis à Paris. J'avais toujours haï ces gens-là sans m'en rendre compte. Mon instinct ne me trompait pas; l'éducation avait bien pu fausser mon esprit, altérer ma raison par un côté, mais sur tout ce qui ne touchait pas à la religion je sentais et, je crois, je pensais juste.

Du reste, je ne m'arrêtai pas longtemps aux idées qu'avaient éveillées les visiteurs nocturnes du curé. J'étais bien autrement occupé de la réponse à faire à la lettre du matin. Vers le milieu de la nuit je me trouvai dans un état de surexcitation intellectuelle vraiment singulière. Je crois que j'avais la fièvre, et dans mon délire ma tête troublée évoqua tour à tour les images les plus gracieuses et les plus effrayantes visions...

L'objet imaginaire de ma passion s'échappait à peine de mes bras affaiblis, lorsqu'il me sembla que quelqu'un poussait ma porte : deux hommes entrèrent de front; ils étaient suivis de deux autres et portaient un cercueil. Ils le placèrent tout près de mon lit. Tandis que les deux premiers porteurs soulevaient le cadavre, les autres tirèrent mes rideaux et me montrèrent la figure de mon ancien patron. Frappé de terreur, je restais bouche béante sans pouvoir crier. Le cadavre semblait s'agiter et j'entendais craquer le cercueil. Tout à coup il ouvrit les yeux et me jeta un regard de désespoir, puis il se pencha et je sentis le souffle de la mort passer sur mon visage. Ses lèvres remuaient sans articuler aucun son et cependant je l'entendis; il me disait: « la mort du pécheur, quelque douloureuse qu'elle soit, n'est rien en comparaison des supplices qui l'attendent après cette vie. Profite de l'exemple... » Mes oreilles bourdonnaient, je sentais les veines de mon front près de se rompre, mes artères battaient avec violence, il me semblait que de mes yeux éblouis s'échappaient des milliers d'étincelles! J'avais tout simplement le transport au cerveau, et si le sang n'eût pas jailli abondamment du nez, je ne sais ce qui serait advenu de moi. Je fus aussitôt soulagé, et les fantômes créés par mon imagination malade s'évanouirent comme par enchantement. Mais tout convaincu que j'étais de l'absurdité de mon épouvantable rêve, je n'en restai pas moins très profondément frappé de cette fantastique apparition, et l'impression qu'elle produisit sur moi fut telle que je pris la ferme résolution de renoncer à toute liaison qui ne s'accorderait pas avec mes devoirs pour vivre désormais chrétiennement.

Je reçus à cette époque de mon vieil ami de la Basse-Bretagne un paquet cacheté que je ne devais ouvrir qu'après sa mort. Il y avait joint une lettre contenant les plus sages avis donnés avec ce ton de bonté et d'intérêt si propre à gagner le cœur. Cela acheva ma conversion, et les jours suivants j'apportai dans ma conduite le recueillement et l'abnégation qui caractérisent le bon prêtre.

Les âmes ardentes ne connaissent pas les demi-mesures, les partis moyens; au lieu de m'arrêter dans un sage milieu, je me jetai d'un extrême dans l'autre.

Les missionnaires ambulants venaient de recevoir leur première organisation, et il était de bon ton parmi les royalistes et les dévots de les prôner et de dire merveille de leurs œuvres et de la sainteté de leur vie. La fantaisie me prit de m'enrôler dans cette pieuse milice et d'aller faire la guerre avec l'église aux passions des hommes, moi qui n'avais jamais pu réprimer les miennes.

Mon patron, désireux de placer près de lui une de ses créatures, accueillit avec une extrême satisfaction l'ouverture que je lui fis et s'employa avec tant d'activité auprès de l'évêque, que je fus promptement agrégé au corps des prédicateurs ambulants. On me destina d'abord aux missions « de la basse classe » — C'était une sorte d'apprentissage et un moyen d'éprouver mon talent, — et je reçus l'ordre de me rendre à Saint-A... Le très court délai qu'on m'accordait me démontra l'impatience du curé à se débarrasser d'un vicaire qui n'avait pas su gagner par des prévenances et des flagorneries les bonnes grâces de son supérieur.

En rangeant dans ma malle ma modeste garde-robe et mes rares papiers, une vague tristesse s'empara de moi : j'avais le cœur serré et je pleurai sans trop m'expliquer la cause de mes larmes. Il me semblait que j'allais quitter ma patrie, les seuls êtres qui m'aimassent au monde pour aller vivre parmi les étrangers. Pourrais-je respirer ailleurs ? y trouverais-je le même ciel? serait-ce le même soleil? Et lorsque je descendais dans mon âme, lorsque je l'interrogeais, hélas! elle me répondait en me montrant une blessure saignante encore et que le temps ne parviendrait peut-être pas à cicatriser.

A genoux devant mon crucifix, je priais Dieu avec ferveur d'agréer le sacrifice que je lui offrais en réparation du passé; je priais; et, pendant que mes lèvres promettaient le sacrifice, mon cœur révolté refusait d'y consentir. Mes pleurs, mes prières ne servirent qu'à déchaîner une passion mal contenue : elle reparut plus forte, plus brûlante; et, à l'idée que je ne recevrais plus de lettres de l'inconnue, que je ne la verrais jamais, je me sentis désespéré. Je me jetai avec emportement sur une plume, et j'écrivis à l'évêque de Rennes la lettre la plus folle qu'on puisse imaginer. A peine achevée, je la déchirai entre mes dents. Dans ces combats, je maudis cent fois le jour où je jurai de renoncer au monde et de m'ensevelir vivant au milieu de tentations continuelles.

Peu à peu, cependant, je repris un peu de calme ; et, par une contradiction habituelle à mon caractère irrésolu, je m'empressai d'écrire à celle que je devais oublier, que j'allais fuir volontairement et dont, cependant, je ne pouvais me détacher.

« Que vous dirai-je ? Je pars demain... Non,
« pas encore demain ; je veux vivre un jour de
« plus près de vous... Pourquoi avez-vous em-
« poisonné ma vie ? pourquoi m'avez-vous sé-
« duit ? Mais, mon Dieu ! ne suis-je pas le seul
« coupable ? n'était-ce pas mon devoir de vous
« rendre le calme que j'avais troublé ?... Je
« pars, et je vais prêcher la morale de l'Evan-
« gile à des hommes sans doute moins coupa-
« bles que moi. Je ne vous verrai jamais, je
« m'éloigne de vous... Hélas ! je ne sais ce que

« j'écris, je meurs de désespoir, et c'est moi, « moi qui ai sollicité mon malheur, qui l'ai « demandé comme un remède à mes maux ; « maintenant que le moment approche, je re- « cule devant l'abîme que j'ai creusé avec une « joie farouche. C'est votre lettre qui m'a per- « du. Un seul instant j'ai entrevu le bonheur !.. « Une terre hospitalière m'accueillait comme « un de ses fils... Vous avez refusé ; aujour- « d'hui, il serait trop tard...

« Ainsi donc, il faut vous quitter, vous qui « m'aviez laissé espérer une existence de ten- « dresse et de volupté ignorées jusqu'alors de « mon âme ; vous dont le mystère me char- « mait en me désolant, vous que j'aimais plus « que la vie, il faut vous quitter sans avoir « un seul instant touché cette main qui traçait « des lettres brûlantes, sans avoir entrevu cette « bouche dont les accents vibraient si délicieu- « sement à mon oreille, ces yeux qui brillèrent

« un jour à travers un voile importun comme
« un trait de feu.

« Je pleure, je murmure contre le ciel, mes
« pensées se mêlent, se confondent, une seule
« m'apparaît sans cesse et surnage au milieu
« de cet océan tumultueux : mon amour pour
« vous, amour immuable et sans bornes, qui
« désolera mon avenir. Je m'arrête... de som-
« bres pressentiments, des idées de mort me
« poursuivent, et je dois vous les taire.

« Adieu. »

Après avoir écrit, il me sembla que j'étais soulagé. Le lendemain je me hâtai d'aller déposer ma lettre sous le banc de pierre et je rentrai pour le déjeûner. Le curé était radieux et me combla de caresses. Il attendait du régime nouveau les plus grands avantages pour le clergé et la joie le rendait extrêmement expansif.

Un parti nombreux qui professait, me dit-il, les véritables opinions monarchiques, voulait anéantir la Charte, qui n'était qu'une sotte concession, et rentrer sous l'empire du pouvoir absolu. La France allait, comme par le passé, redevenir une riche proie pour le clergé et la noblesse, qui comptaient à juste titre rentrer en possession de leurs biens et faire payer les arrérages aux usurpateurs. Le clergé gémissait aussi d'avoir été dépouillé par l'impiété de la révolution des listes de l'état civil, et un prince religieux ne manquerait pas de rétablir les choses sur l'ancien pied ; seulement il fallait encore patienter un peu, quoi qu'en disent un petit nombre d'hommes ardents qui, sans laisser de trêve aux révolutionnaires, voulaient les frapper du coup de grâce tandis que les alliés étaient encore là pour vaincre les résistances.

— Les missionnaires, ajouta-t-il, parmi lesquels vous allez vivre désormais, travaillent au grand œuvre de la régénération de la France. Leur but apparent est la prédication : au fond, ils sont chargés d'organiser au sein de la France une force redoutable, un gouvernement à part, grâce auquel nous atteindrons le terme de nos vœux. Il faut du temps pour coordonner les détails compliqués d'une pareille entreprise; mais le clergé ne périt pas, et les enfants de la révolution qu'il attaque sont périssables : notre triomphe est donc assuré.

Le curé me fit bien d'autres confidences dont je n'ai pas conservé le souvenir. Je n'ai même gardé dans ma mémoire ce que je viens de rapporter que parce que je l'ai vu à peu de choses près se réaliser et que j'ai moi-même, bien à contre-cœur, travaillé « au grand-œuvre », pour parler comme les révérends pères.

Je ne suis point né pour les travaux de la

politique, et le soin de régler le sort des empires n'occupa jamais ma pensée. Le cœur joue chez moi un trop grand rôle. Aussi, lorsque je touche en passant à ces graves sujets, je ne le fais que pour expliquer par quel concours de circonstances j'ai été constamment obligé d'agir contre ma conviction et mes goûts. Dans une condition ordinaire, libre de toute entrave, j'aurais passé une vie obscure, mais bien douce, si j'eusse rencontré une compagne dont le cœur sympathisât avec le mien. Mon âme était aimante et expansive ; mes instincts me portaient naturellement vers le bien et le vrai. Je pouvais être heureux à si bon marché !...

Une fois engagé dans la voie qui me convenait le moins, je tombai de faux pas en faux pas, et j'eus à lutter à la fois contre mon cœur et mes sens, contre la force de la vérité qui me pressait et la nécessité dont je me sentais l'esclave. Mon caractère s'aigrit ; je ne vis dans les hommes que des intrigants et des méchants, des égoïstes et des menteurs. Le mépris succéda à la haine, et je devins assez malheureux pour songer à tromper à mon tour... Dieu merci, je ne suis pas tombé aussi bas ; mais j'ai à me reprocher d'avoir laissé la fraude s'accomplir sous mes yeux, presque avec mon concours ; et, je le déclare, l'exemple de mes confrères plus éclairés que moi ne me justifie nullement à mes propres yeux. . . . .

Au milieu de la dernière journée que je devais passer au presbytère, je reçus une réponse à ma lettre d'adieux.

« Je viens de vous lire, et je ne sais comment
« je trouve la force de vous écrire. Vous partez
« demain, et vous ne songez même pas à me
« dire où vous allez !...

« Vous partez... Sous quelle influence fu-
« neste êtes-vous né, mon Dieu, pour devenir

« ainsi votre propre bourreau et faire le déses-
« poir de ceux qui vous aiment? Vous ne savez
« ni vous modérer ni attendre les conseils de
« la réflexion.

« Que vous ai-je fait pour me punir aussi
« cruellement? Quel plaisir prenez-vous à me
« torturer?... Il m'est impossible de rien vous
« écrire de raisonnable : vous ne me laissez
« pas le temps de respirer, vous partez de-
« main....

« Une grâce encore : indiquez-moi le lieu
« de votre nouveau séjour, les moyens de vous
« écrire... Non, ne me dites rien : ce serait
« prolonger un supplice qui doit finir; ce
« serait paralyser l'effet d'un remède que vous-
« même avez choisi.

« Vous comptez donc bien sur mon cou-
« rage, que vous m'adressez une lettre dont
« les derniers mots me font présager les plus

« grands malheurs? S'il est permis à l'un de « nous d'avoir des pensées sinistres, à coup « sûr ce doit être à l'être le plus faible, le plus « attentif à ménager celui qu'il aime. Est-ce « vous? répondez.

« Mais que nous sert de nous désespérer? « Nous sommes jeunes, la vie nous appar- « tient. Pourquoi noircir d'avance les jours « que nous réserve l'avenir? Rattachons-nous « à l'espérance, et consentons à vivre pour « nous aimer encore. Le cœur ne calcule pas « les distances; la certitude d'être aimé lui « suffit, et pourvu que vous ne détruisiez pas « cette confiance qui me soutient encore, je ne « me croirai pas tout à fait malheureuse.

« Il me semble que votre santé ne vous per- « met guère de vous éloigner sans imprudence « d'ici à quelques jours. Veillez sur vous et « pensez à moi. »

Je trouvai sur le papier des traces de larmes : la main avait été plus ferme que le cœur!...

FIN DU DEUXIÈME VOLUME.

Imprimerie de E. Dépée. — Sceaux (Seine).

Impr. de E. Dépée, à Sceaux (Seine.)

www.ingramcontent.com/pod-product-compliance
Ingram Content Group UK Ltd.
Pitfield, Milton Keynes, MK11 3LW, UK
UKHW012011240726
13965UKWH00002B/298